信濃武士

〜鎌倉幕府を創った人々〜

宮下玄覇

宮帯出版社

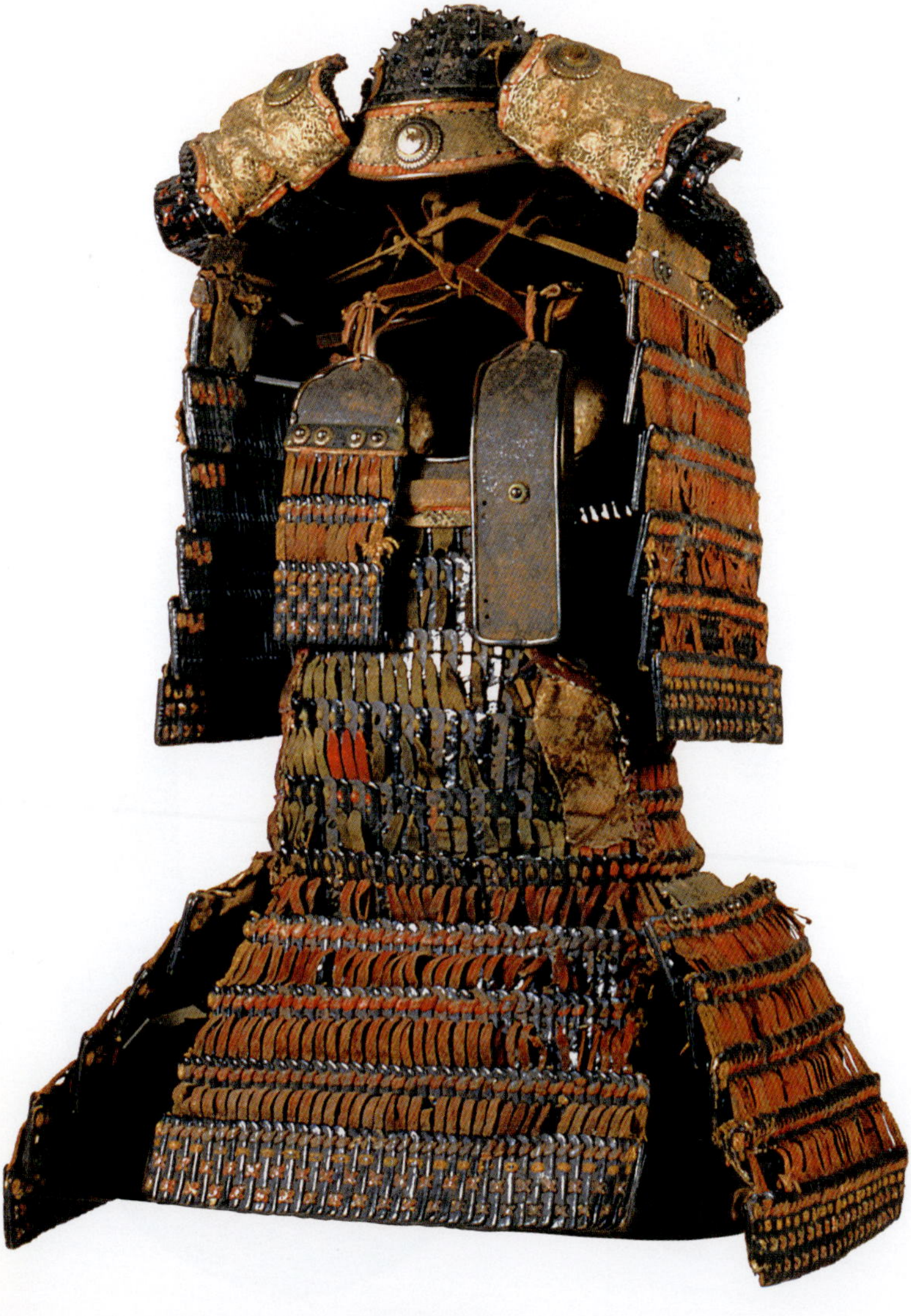

赤木忠長所用 赤韋威大鎧《あかがわおどしおおよろい》（国宝・岡山県立博物館蔵）

鍬 形（飯田猿小場遺跡出土）

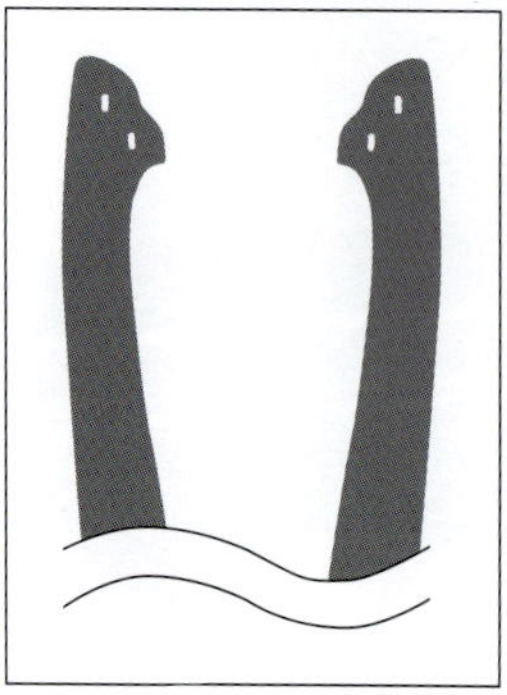

参 考

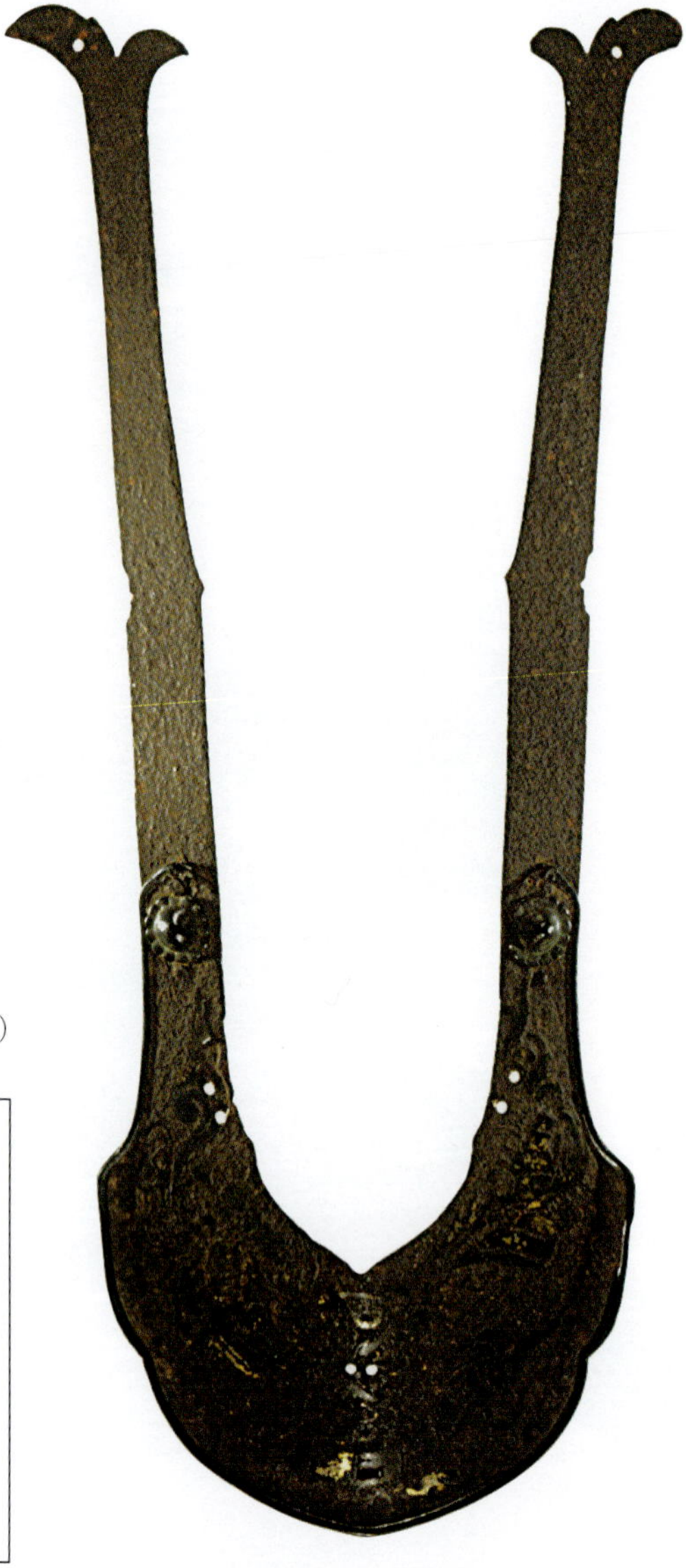

鍬 形（重文･清水寺蔵）

“信濃武士”をイメージできる遺物は何かと自問すると、赤木家伝来の赤糸威大鎧（岡山県立博物館蔵）、清水寺《せいすいじ》（長野市）と猿小場遺跡（飯田市）出土の鍬形であろう。とくに猿小場遺跡の鍬形は、この度はじめて注目した貴重な史料である。

筑摩郡赤木郷に居を構えた赤木氏の「赤韋威大鎧」（国宝）がある。赤木氏は、承久の乱の功により、新補地頭として備中国川上郡穴田郷に移り住んだ。この大鎧は、赤木氏が信濃国を拠点として活躍していた時代のものであり、まさに信濃武士を代表する遺物である。信濃武士にまつわる遺物は豊富である。長野市若穂保科の清水寺に坂上田村麻呂所用と伝えられる鍬形がある。これは、材が鉄であることから「鉄鍬形」と呼ばれている。古画・文献等から平安時代後期、すなわち武士の世を見据えた時代のものであり、まさに信濃源氏を彷彿とさせる。さらに近年の発掘調査によって中世の遺構から様々な遺物が出土している。飯田市の猿小場遺跡から出土した鍬形状の立物はその代表であり、まさに誇り高き信濃武士の威厳を示す逸品といえる。猿小場遺跡の鍬形は、地鉄の表面を銅板で包み、恐らく鍍金・鍍銀等の処理が施されていたと思われる。ふつう鍬形は、切り込みの中心に猪目あるいは蕨手を透かしているのだが、これは中心からずれた場所に鳩目を二つ透かしている。　（甲冑研究家 三浦一郎）

部 分
〔木曾義仲 自署「源（花押）」〕

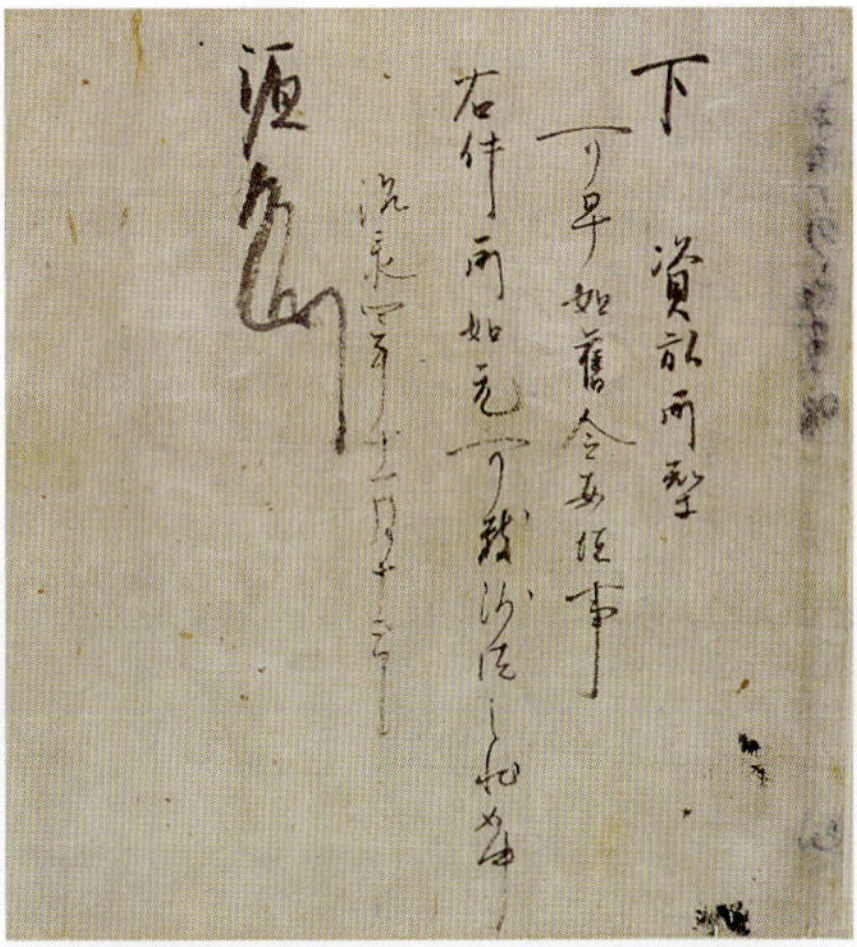

木曾義仲下文（市河文書・本間美術館蔵）

木曾義仲合戦図屏風　右隻（六曲一双、国立歴史民俗博物館蔵）

木曾義仲合戦図屏風　左隻（六曲一双、国立歴史民俗博物館蔵）

右隻　①頼朝へ送られる志水義高と義仲との別れ
②平経正が竹生島に詣でて琵琶を奏でる
③火打城に乱入する平家軍
④合戦の勝利を八幡神へ祈願する義仲
⑤義仲軍の夜討により敗れた平家軍が谷に落ちる
⑥恩人斎藤（長井）実盛の首を義仲が実検する

左隻　⑦後白河院御所法住寺殿へ殺到する義仲軍
⑧敗走する院方兵士に石を投げつける庶民
⑨身ぐるみ剥がされた刑部卿藤原頼輔
⑩宇治橋の橋板をはずして鎌倉軍の渡河を防ぐ
⑪大津打出浜で義仲と今井兼平が再会
⑫今井の手勢と一つになり最後の戦いを繰り広げる
⑬義仲と別れ際に恩田の首をねじ切る巴
⑭今井と主従二騎となり自害を促される義仲
⑮深田にはまり射られた義仲
⑯義仲の討死を知って自害する今井兼平

はじめに

痩《や》せ山にぱっと咲けりそばの花

小林一茶の俳句である。蕎麦《そば》は寒冷な地味の薄い土地でも育つ。稲や小麦などを作付けできないような痩《や》せ地でも栽培でき、飢饉の際の救荒食としても重宝されてきた。一茶は、荒涼とした山肌一面に白い蕎麦の花の咲くのを見、その強く美しい生命力に心を打たれ、詠んだのだろうか。

信濃は日本の中心に位置するが、海から遠く離れ、高い山脈が幾重にも折り重なり、その隙間《すきま》の盆地に人々が肩を寄せ合うように住む。冬は寒く、雪は深く、峨峨《がが》たる山々が日照を遮《さえぎ》る。

一度、故郷を離れ江戸で暮らした一茶には、この信州の気候・風土は特別に厳しいものに感じられたことだろう。そうした厳しい環境にあっても、輝くばかりの純白の花が一面に咲き誇るその力強さは、この土地に住む人々そのものの姿に投影されていたかもしれない。

本書では平安末期の源平の興亡から中世初頭鎌倉末期の幕府滅亡までの信濃武士をとりあげる。

平氏政権末期に信濃武士を糾合《きゅうごう》し朝日（旭）将軍と称された木曽（源）義仲は、北陸道を攻め上り、平氏を追って上洛を果たした。しかしその栄華《えいが》の時もほんの一瞬で、まもなく源頼朝軍によって京都を追われ、近江の粟津《あわづ》で討たれる。多くの信濃武士が義仲と運命を共にし、散っていった。『平家物語』に描かれた華々しくも儚《はかな》げな信濃武士たちの姿は、まさしく「ぱっと咲けり」という表現がぴったりのような気がしてならない。

もちろんぱっと散って終わったわけではなく、彼等の縁者や子孫たちの多くは、幕府の御家人《ごけにん》となり、ことに弓馬の芸に長じていた海野《うんの》・藤沢・金刺《かなさし》氏などは、その優れた武芸をもって頼朝に目をかけられることになる。源平内乱を駆け抜けた信濃武士たちは、しっかりとその実を稔《みの》らせたといえよう。

信濃武士が活躍できたのは、弓馬の芸に優れていたからだが、それはまさに信州の風土のなせるところである。古代以来多くの馬牧《うままき》が営まれ、また狩猟の神たる諏訪社が祀《まつ》られている。駿馬《しゅんめ》が豊富で、諏訪社の祭礼で奉納される流鏑馬《やぶさめ》・競馬《くらべうま》という調練の場があった。

だからこそ、猛者《もさ》ぞろいの関東武士をも黙らせる神業《かみわざ》的妙技《みょうぎ》が生み出されたのである。

私事《わたくしごと》ではあるが、父方の先祖は信州伊那の武士片切氏の家人であり、また母方の先祖は木曾義仲四天王に数えられた今井四郎兼平である。それ故、片切景重や今井兼平の武士の鑑ともいうべき最期には一方ならぬ思い入れがある。これまで木曾義仲についてはいくつか単著があるが、信濃武士という枠組みではなかった。片切・今井をはじめとする故郷の武士の姿を照らし出してみたい。それが本書を成すにあたっての想いである。

平安末から鎌倉幕府の成立まで、信濃武士の活躍の足跡をたどり、その諸家の勃興《ぼっこう》、文化的背景をひもときながら、中世信州の世界を再現してみよう。

※『信濃史料』二～八巻（信濃史料刊行会編・一九五二～五四年）は『史料』二～八、『長野県史』通史編第二・三巻（長野県史刊行会・一九八六・八七年）は『県史』二・三、『角川日本地名大辞典　長野県』（角川書店・一九九〇年）は『角川地名長野』、『長野県姓氏歴史人物大辞典』（角川書店・一九九六年）は『長野県姓氏』と略記する。

目次

はじめに

第Ⅰ部　信濃武士の活躍と幕府の成立

第三章　鎌倉幕府の成立と信濃御家人

第Ⅱ部　信濃武士各論

第Ⅰ部　信濃武士の活躍と幕府の成立

第一章　信濃武士の勃興

武士の登場と武士論の変化

常陸《ひたち》・武蔵《むさし》・下総《しもうさ》など北関東を舞台とする平将門《まさかど》の承平《じょうへい》の乱（承平五年・九三五～）や、房総半島での平忠常の乱（長元元年・一〇二八～）のように、平安時代中期以降、地方勢力の武力蜂起《ほうき》がまま見られるようになる。奥州での戦乱である前九年の役（康平五年・一〇五一～）では河内源氏《かわちげんじ》の源頼義が、続く後三年の役（永保三年・一〇八三）ではその子源義家が武家棟梁《とうりょう》として、東国武士らを率いて乱を平定している。

この頃、地方で大規模な反乱が生じた際には、武官系の中央官人を、征夷大将軍などの臨時の追討《ついとう》の官職に任命し、地方に派遣するのではなく、地方に地盤を持っている武力に長じた源氏・平氏といった武家の棟梁に追討・鎮圧を一任する方式がとられるようになる。

これは、この段階ですでに「武士」に相当するような存在が、広範に成立してきていたことの証といえる。もちろん、この頃ではまだ恒常的な主従関係《しゅじゅうかんけい》や、所領を介しての御恩《ごおん》と奉公による強い主従の結合はみられないが、その方向性はすでに生まれてきているといえよう。

かつて古典的な武士成立論では、農村からの武士の発生が説かれてきた。律令制の弛緩《しかん》から班田制《はんでんせい》が衰退し実施されなくなると、代わって在地の有力者の耕地の請負制《うけおいせい》が導入される。この請負の対象を負名《ふみょう》とか名田《みょうでん》といい、その請負人を田堵《たと》とか名主《みょうしゅ》と称した。田堵・名主らは新田の開発、荒廃耕地の再開発を通じて所領を集積し、その耕地を従者に配分し、灌漑《かんがい》用水の敷設・管理や、神社・寺院の祭祀を掌る《つかさど》などにより、郡・郷・村といった領域の支配権を創出し領主化していった。こうした領主を歴史学では「在地領主《ざいちりょうしゅ》」と概念化《がいねんか》した。

この在地領主は、獲得した所領を安定的に経営・支配してゆくため、皇族や、上級貴族、あるいは権門社寺《けんもんしゃじ》へ寄進《きしん》してその荘園となし、現地管理者たる下司《げす》・公文《くもん》に任命してもらった。これが寄進地系荘園《きしんちけいしょうえん》と称されるものである。信濃国の場合には、荘園だけでなく、御厨《みくりや》や牧《まき》といった場合も多い。御厨は伊勢神宮領の荘園のことで、ことに神宮の厨房へ贄《にえ》を献上する目的が定められているため、御厨と称される。千曲川とその支流の犀川《さいがわ》流域に多く分布しているのは、鮭を贄として献上するためであろう。

また在地領主らは、自己の所領の保全のため独自に武力を保有し、その実力で国司や近隣領主からの権利侵害を排除した。これにより、在地領主は武士化してゆき、やがて階級的な結合を果たした結果、鎌倉幕府という政治組織を創出した。やがて、それまで荘園制支配のもとで従属してきた中央の皇室・貴族・権門寺社といった荘園領主層への抵抗を強め、次第にその支配から脱し、将軍権力の下で独自の排他《はいたてき》的な支配領域を確立してゆくことになる。

一九七〇年代までは、在地領主制の発展と、鎌倉・室町・江戸幕府という武士・武家による封建国家《ほうけんこっか》の成立とを、このようにリンクさせて理解してきた。しかし七〇年代以降、在地領主的発展の先に武士の成立をみる概念に疑問が呈されるようになった（石井87・戸田91）。すなわち国衙《こくが》（国府《こくふ》の役所）や主家たる中央貴族に武芸をもって奉仕する存在が武士であり、高橋昌明氏は、この武芸を一つの職能ととらえ、武士を職能《しょくのう》に長じた一つの身分と説明した（高橋91）。

武士は武芸を職能とし、その職能をもって地方においては国衙に所属し、国司の御館《みたち》の警備や、国の武力として犯罪の取り締まり、武力行使の際の兵力となった。あるいは朝廷や院《いん》・女院《にょいん》・摂関家《せっかんけ》他貴族の家に所属し、皇居・仙洞《せんとう》（院御所）・主家の館の警備や、天皇・主人の出御《しゅつぎょ》の際の供奉役《ぐぶやく》などにあたった。

このように洛中での武的な職務を負い、近衛府《このえふ》・兵衛府《ひょうえふ》・検非違使庁《けびいしちょう》などに属して、その官職《かんしょく》を帯《お》びるような武士を「京武者《きょうむしゃ》」と称する。京武者は、およそ源氏・平氏・藤原氏などの姓を有し、京都の貴族の出自で武芸に長じ、中央とのつながりをもちつつ地方に拠点を持ち、中央と地方とを行き来した。この活動のなかで地方の武力を組織し、主従関係を拡大していった。こうした「武士」を、武芸を職能とする職能民ととらえる説を「職能論《しょくのうろん》的武士論《てきぶしろん》」などと称する。

信濃国における武士の登場と牧

鎌倉中期の建治《けんじ》元年（一二七五）、京都六条八幡宮造営《ぞうえい》にあたり鎌倉幕府御家人等へ、その造営役が賦課《ふか》された。これはいわゆる幕府の御家人から、主人たる鎌倉殿《かまくらどの》（将軍）への経済的な奉仕であり、御家人役《ごけにんやく》と称される。同役は鎌倉幕府の侍所《さむらいどころ》にあった御家人の注文を基に賦課が決められたらしく、その目録、六条八幡宮造営注文が現存している（海老名・福田92）。

目録には東日本を中心（元寇《げんこう》に伴い異国警固役《いこくけいごやく》を負担する西国御家人は省略されている）に四六九人もの御家人とその負担額が、本拠地別に列記されているが、信濃国の御家人は三二人である。所属する御家人が最も多いのが武蔵で八四名、次が相模で三三名で、信濃はそれに次いで多い（小林96）。

もちろん国の面積が広いので、単純に御家人が多いとはいえないが、鎌倉幕府の基盤となる相模・武蔵は別格として、例えば近隣の上総・下総・安房という房総三国の合計でも二三名であり、信濃の御家人数が多いことは動かない。これだけ御家人数が多いということは、その母体となる武士の数も多かったと想定されよう。この点は、後述するように、鎌倉幕府が成立する以前の保元《ほうげん》・平治の乱に、多くの武士が合戦に参加していることからも確認できる。

信濃国に武士が多く生まれた理由を考えるに、馬の名産地であることがあげられる。下伊那郡の後期古墳からは馬具が多数出土しており、古来より乗馬文化がさかんであったことがうかがわれる。それが明確になるのが律令時代であり、多くの馬牧《うままき》が設けられていた。朝廷直営の馬牧は馬寮《めりょう》が管轄したが、その御牧（勅旨牧《ちょくしまき》）は信濃に一六牧、甲斐に三牧、上野に九牧、武蔵に四牧であり、信濃はこの中でもその数の突出している最大の貢馬《こうめ》の供給地であることがわかる。

律令国家の衰退に伴い、官営の御牧の多くでは貢馬も進上されなくなっていったが、牧の機能自体は継承され、馬を産出していた。牧はある程度まとまって分布しており、

A諏訪社周辺（大塩牧・塩原牧・岡屋《おかや》牧・小野牧・立野《たての》牧・平出《ひらいで》牧・宮所《みやどころ》牧・笠原牧）
B佐久郡・小県郡の東山道沿い（望月牧・新張《みはり》牧・塩野牧・長倉牧）
C水内郡・高井郡の千曲川流域（常盤牧・南笠原牧・中野牧・金倉井《かなくらい》牧・高井野牧・吉田牧）
D国府松本周辺（猪鹿《いか》牧・多々利《たたり》牧・大野牧・内田牧）

といった具合に整理できる。

これらA～D地域と武士の分布はおよそ重なってくる。A諏訪社周辺は、もちろん諏訪・金刺氏など神《みわ》氏と称されるような諏訪大社に関わる武士団の中心的な基盤となる地域であり、B佐久郡・小県郡の東山道沿いは、滋野《しげの》三氏と称される望月・海野・祢津《ねづ》三氏の基盤、C水内郡・高井郡は、後庁を囲むように井上源氏・村上源氏などがひしめくように蟠踞《ばんきょ》す

る。Dの国府付近は、桐原・白河・神林・捧田《ささげた》・波多《はた》など鎌倉御家人が集中する地域となる。（以上、一二五頁「御家人分布図」・一六六頁「氏族別 武士分布図」参照）

ざっと概観を示したに過ぎないが、およそ牧の所在地と武士の本貫地《ほんがんち》とが一致する傾向のあることは確認できよう。この点からしても武士の成立と牧とが、密接に関係していることが想定できるのである。

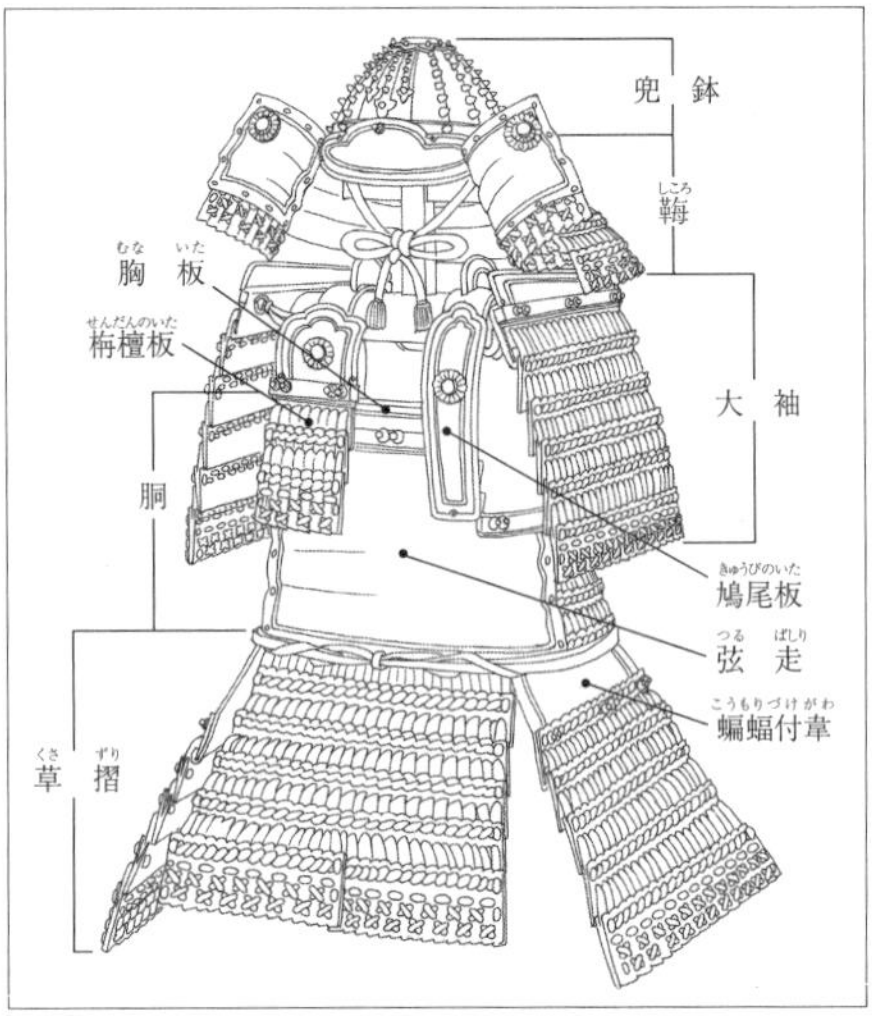

大鎧の図

（三浦一郎『武田信玄・勝頼の甲冑と刀剣』より）

そもそも平安末期から中世初頭頃の武芸の第一は、馬上弓射《ばじょうきゅうしゃ》であり、それには乗馬が不可欠となる。当時の武士の正式な武装は大鎧《おおよろい》であるが、大鎧は草摺《くさずり》が四枚と基本的に乗馬による使用を前提としている。時代が下り、徒歩《かち》立《だ》ちでの戦闘が中心となる南北朝から戦国時代にかけては、腹巻《はらまき》・胴丸《どうまる》といった右脇・背中で引き合わせるタイプへ変化する。これらは歩行の利便性のた

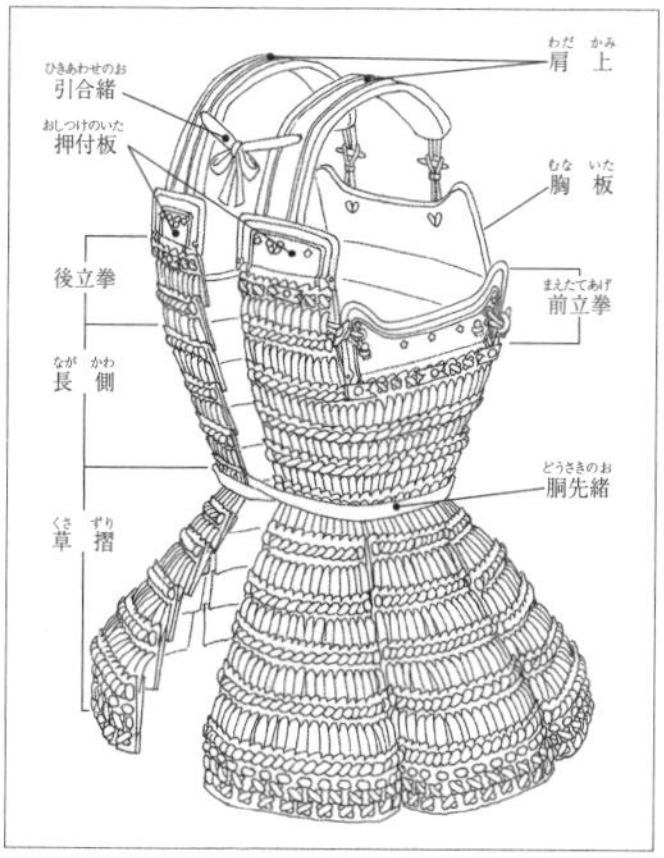

腹巻（背面）**の図**（三浦一郎『武田信玄・勝頼の甲冑と刀剣』より）

黒韋肩裾取威腹巻
（国立歴史民俗博物館蔵）

め、草摺が八枚・一一枚と細かく分かれてゆく。

　また大鎧の胴周りはゆったりと余裕をもたせ、馬上で上半身を回転させての射撃を容易にするよう作られている。これもまた、馬上での弓の使用を前提としているためであり、時代が下がると太刀打ちや歩行に便利なように、胴は細く身体に密着するように変化してゆく。

　馬上の弓術いわゆる「騎射」は、武芸のなかでも最高位とされ、流鏑馬《やぶさめ》・笠懸・犬追物を総称して「騎射の三物」といった。鎌倉幕府が成立すると海野・藤沢・金刺氏など弓技に長じた信濃武士は、幕府的始《まとはじめ》や流鏑馬の常連となり、また『承久記《じょうきゅうき》』には大妻兼澄《おおつまかねずみ》・福《ふく》地俊政《ちとしまさ》らの剛弓譚《ごうきゅうたん》（第三章参照）が載せられているなど、信濃武士＝弓馬の芸に勝れた武人というイメージが成立した背景には、豊かな馬資源が存在していたことは間違いない。

院政の開始と荘園制社会の始まり

平安中期、藤原北家《ほっけ》は、天皇の外祖父《がいそふ》になるなど、血縁関係を背景に天皇の後見となり、摂政《せっしょう》・関白《かんぱく》に補任されて天皇の権限を代行するかたちで政権を掌握した。いわゆる摂関政治である。その象徴的存在が藤原道長であり、「望月の欠けたることもなし」と自己の権勢の充足を詠ったとされるが、その基盤は国司による地方支配である。この頃、信濃守藤原陳忠《のぶただ》は、任期を終えて帰京する途中、山道で谷に転落した。ところがその救助を待つ間に平茸を集めて部下に笑われたが、逆に恥じることなく「受領《ずりょう》（国司）は倒《たお》るる所に土をつかめ」と言ったという。いかに当時の国司が貪欲に利益を追求していたかを、象徴する逸話《いつわ》として有名である（『今昔物語《こんじゃくものがたり》』二八―三八）。

この利益性の高い国司補任《こくしぶにん》の人事権を掌握したのが摂関家であり、受領層（国の守に補

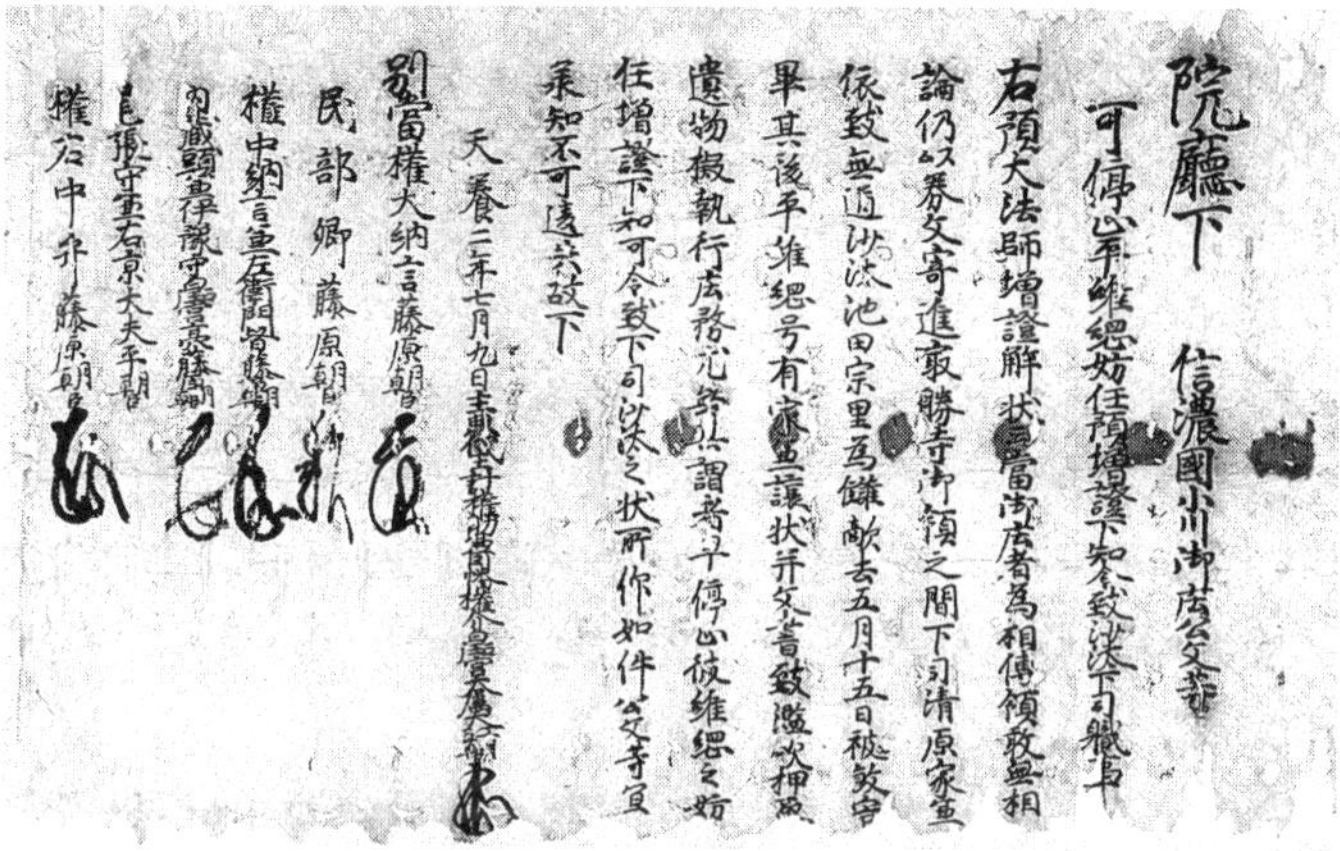

鳥羽院庁下文（長野県立歴史館蔵）

任される五位・六位クラスの中堅貴族）は摂関家と関係を築き、奉仕することに努め、摂関家は受領層を掌握することで莫大な資産を集積したのである。この摂関政治は、受領層が地位を高め、摂関家ではなく太上《だじょう》天皇＝院へ従属するようになると衰退し始める。いわゆる院政の始まりである。

摂関藤原氏を外祖父としない後三条天皇の即位を契機として、摂関家の権勢は一挙に衰退し、後三条天皇の後継たる白河天皇が譲位後に、治天君《ちてんのきみ》として政治の実権を握るようになる。白河院は摂関家や堀河天皇などと覇権を競いつつ勝利し、「天下三不如意《てんかさんふにょい》（院の意のままにならぬは鴨川の流れとさいの目と僧兵《そうへい》のみだ）」といわれるような強権を作り上げる。

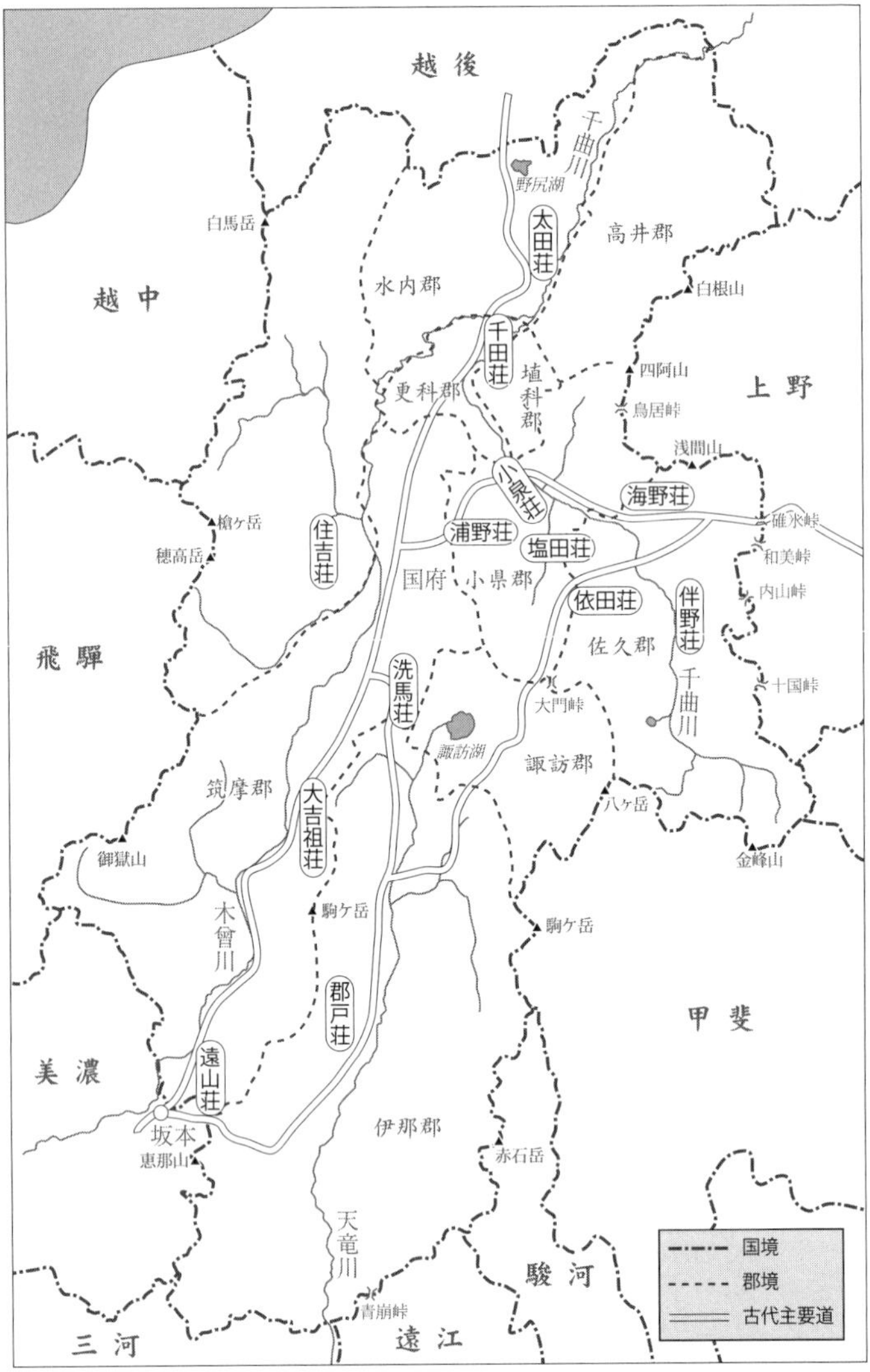
越後
越中
飛驒
美濃
三河
遠江
駿河
甲斐
上野
千曲川
野尻湖
太田荘
高井郡
水内郡
白馬岳
白根山
千田荘
埴科郡
更科郡
四阿山
鳥居峠
浅間山
小泉荘
海野荘
碓氷峠
浦野荘
塩田荘
和美峠
住吉荘
槍ヶ岳
穂高岳
国府
小県郡
依田荘
伴野荘
内山峠
佐久郡
十国峠
洗馬荘
大門峠
諏訪湖
諏訪郡
筑摩郡
大吉祖荘
八ヶ岳
金峰山
御嶽山
駒ヶ岳
木曽川
郡戸荘
遠山荘
坂本
恵那山
伊那郡
赤石岳
天竜川
青崩峠
国境
郡境
古代主要道

主要荘園分布図

専制君主である白河院の後継が鳥羽院であり、同院の時代に中世に継続するような荘園が多く立荘《りっしょう》されたといわれている。白河院の時代には、荘園整理令が時々に発令され、無秩序な荘園の拡大は抑制されたが、鳥羽院政下では荘園整理が進められた様子がみえず、むしろ鳥羽院自身が、積極的に寄進を受け入れ大量の荘園を創設していった。受領はその国司という立場から、地方有力者の院への所領の寄進を仲介し、院は治天君の権力をもって国政に自在に介入して荘園の設立を認可させていった。私領主・地方官・為政者という三つ巴《どもえ》の癒着構造により、次々と荘園が創られていったのである。

鳥羽院政期には、公領と荘園（私領）がおよそ半分ずつとなり、いわゆる荘園公領制《しょうえんこうりょうせい》時代・荘園公領制社会が成立するのである。信濃国の荘園・御厨の多くもこの時代に成立したと想定される。

保元の乱前夜

院政は子・孫などに譲位した太上天皇（縮めて上皇《じょうこう》、通称して院《いん》）が、私的な立場にあるにもかかわらず政治を実質的に掌握する体制をいう。院は家政機関として院庁《いんのちょう》をもち、その職員である院司《いんじ》には主要な廷臣《ていしん》をあて、彼等を蔵人《くろうど》や弁官《べんかん》といった政務の重要なポストに登用することにより、それを介して朝政を制御した。また北面《ほくめん》の武士・西面《さいめん》の武士といった警備機関を設けて、そこに有力な武将を組織して武力をも掌握していった。

退位した私人が実質的に国権を握り、膨大な所領群を集積し武力を備える。これにより白河――鳥羽――後白河という三代の傑出した専制権力が生み出されたのであり、それ故、その莫大な権力を誰が継承するのか、その継承をめぐっての争奪戦は、院政期の政争をより過激なものとしていった。白河院と堀河天皇、鳥羽院と崇徳《すとく》院、後白河院と二条天皇といった具合に、治天君の地位をめぐる戦いは、摂関家・受領層・武家など様々な矛盾を含みこみ、対立を膨張させてゆき、やがて大きな爆発を招くに至った。それが保元・平治の乱である。

鳥羽院の後継者は順当に行けば崇徳院であったが、両院の関係は、鳥羽院がその寵愛《ちょうあい》を崇徳院の母待賢門院《たいけんもんいん》から、近衛天皇の母美福門院《びふくもんいん》へと移したことで悪化した。鳥羽院の祖父白河院は、自身が養育し寵愛していた待賢門院の子である崇徳天皇を後継の治天君にと望み、鳥羽天皇から崇徳天皇へ譲位させていた。鳥羽天皇は崇徳天皇を「叔父子《おじこ》（自分の子供とされるが実は白河院と待賢門院の子なので叔父だという意味）」だと言ったという。これが事実かどうかは、もちろん不明だが、鳥羽院は美福門院の子である近衛天皇を後継者にと望み、崇徳院を遠ざけたのは確かであろう。

　摂関家はかつてほどの権勢は失っても、朝廷内では院に次ぐ権力者であることには変わりない。白河院はその台頭を強く警戒し、藤原忠実《ただざね》との間に、娘泰子《やすこ》の入内《じゅだい》をめぐり問題が生じると、忠実に蟄居《ちっきょ》を命じ、関白を罷免してそれを忠実の子忠通《ただみち》に与えた。この後、白河院が崩御《ほうぎょ》すると忠実も復権するが、忠実は蟄居していた宇治で育てた子頼長《よりなが》を寵愛し、ゆくゆくは子供のなかった忠通の後継にと考えた。ところが忠通に継嗣《けいし》が誕生したこともあり、摂関家の継承をめぐって忠通とその父忠実・弟頼長との対立が生じることとなった。

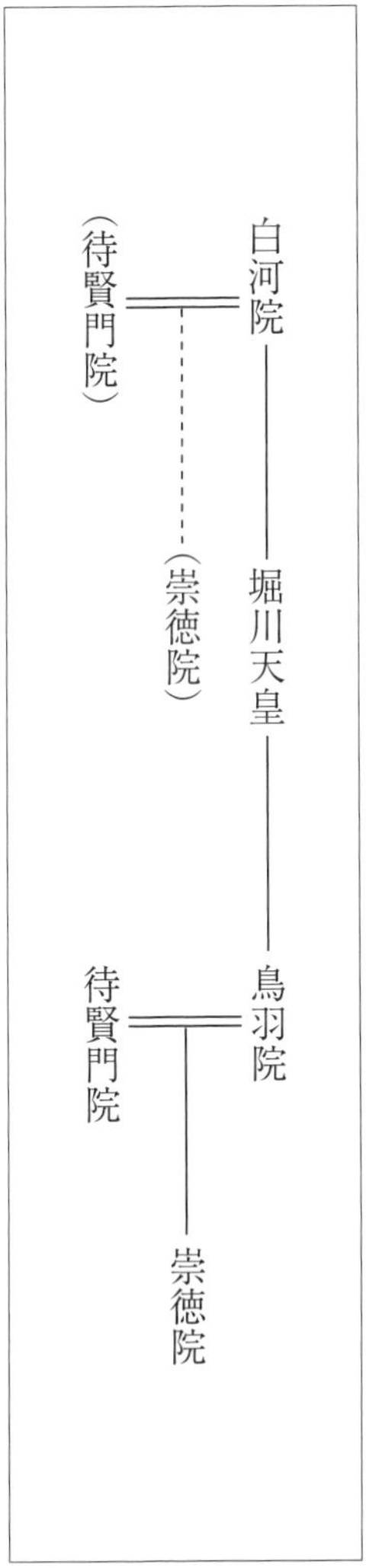

鳥羽院・崇徳院 関係図

また河内源氏内部にも大きな対立構造が生じる。伝統的に河内源氏は摂関家とのつながりが強く、源為義《ためよし》は藤原忠実に仕え、頼長とも主従の契約をむすんだ。これに対し、為義の子義朝《よしとも》は、鳥羽院に接近することにより上野守《こうずけのかみ》に補任されるなど、羽振りがよくなったが、これが為義に対する背徳行為となり、為義と義朝の関係は悪化していった。

こうして天皇家・摂関家・武家、それぞれが分裂と対立と生じ、その矛盾が鳥羽院の死を契機として武力衝突というかたちで爆発したのが保元の乱ということになる。

保元の乱で義朝に従った信濃武士

鳥羽院は保元元年(一一五六)七月二日に崩御した。院はかなり前より、自身の最期を悟り、崩御後の対処についても入念に準備を行っていたようで、崩御の前日には院宣《いんぜん》により源義朝・足利義康《よしやす》らに禁中《きんちゅう》警護を命じ、崩御の当日に葬儀を行うと、はや五日には京中の武士の活動の規制を検非違使《けびいし》に命じ、八日には敵対者を藤原忠実・頼長父子と定めて彼等による集兵の禁止を命じている。

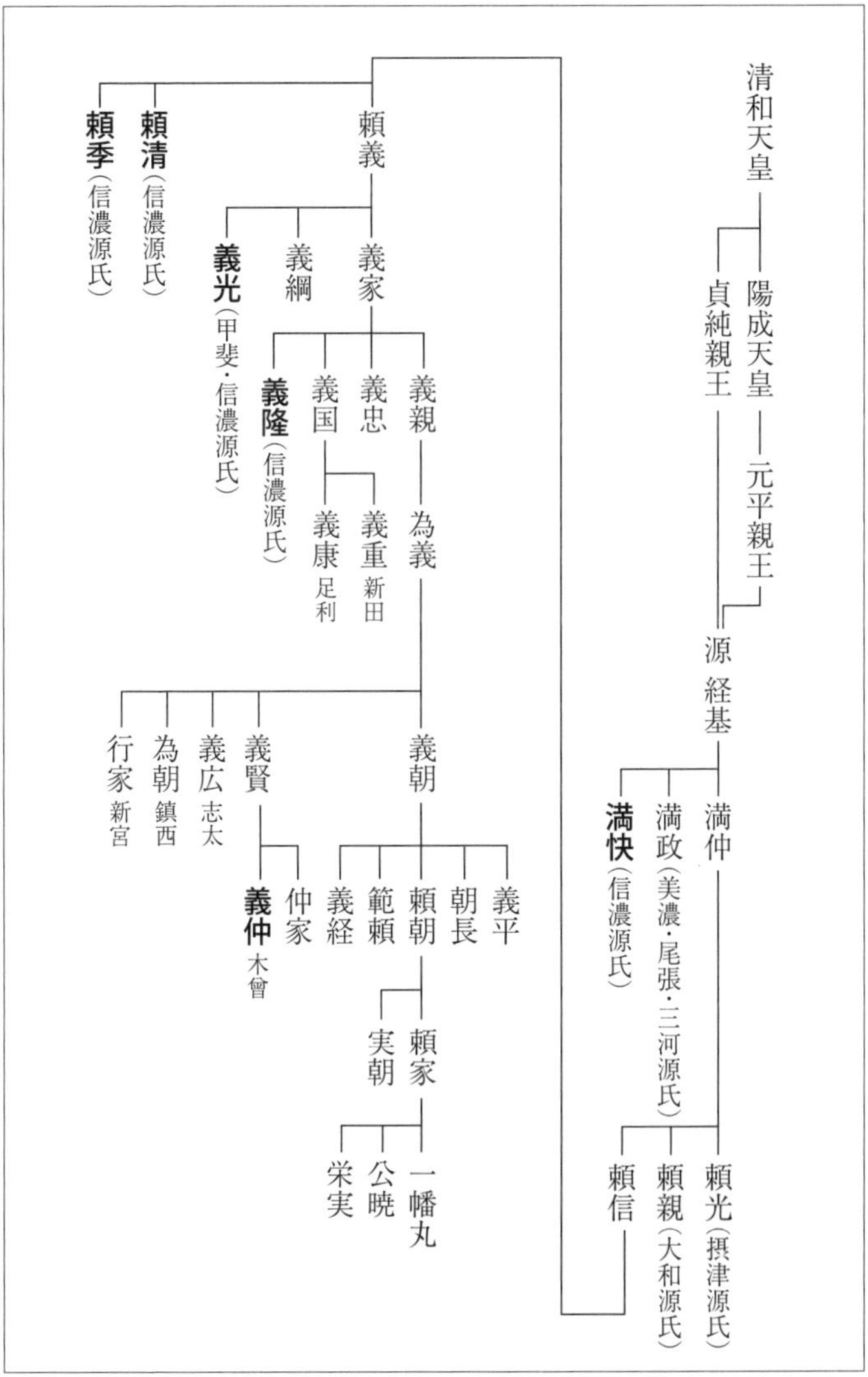

河内源氏系図（太字は信濃源氏）

源義朝像（「平治物語絵巻」より）

旧鳥羽院側の迅速な対応の中心には信西《しんぜい》がいたものと考えられるが、信西らの最も恐れるところは、鳥羽院の崩御により崇徳院・藤原頼長といった反鳥羽院勢力が息を吹き返すことであり、彼等に復活の余裕を与えずに、完全に葬り去る手段として武力行使が選ばれたのである。合戦は旧鳥羽院＝後白河天皇方のほぼ完全な勝利となったが、天皇方は周到に準備し常に先手をとっており、ほぼ計画通りの展開であったものと思われる。

この合戦には源平の京武者とその私兵が動員されたが、天皇方の中で最も積極的に行動したのが源義朝である。義朝に従って多くの東国武士が参戦しているが、信濃からは特に多くの武士が参じている。金毘羅本《こんぴらぼん》『保元物語』（旧岩波日本古典文学大系）の「官軍勢汰え《かんぐんせいぞろえ》」にみえる武士は全体七四名で、最多は武蔵一八名、信濃の九名はそれに次ぐ人数である（『通史』二）。

半井本『保元物語』（新岩波日本古典文学大系）にみえる義朝配下の信濃武士を列記すると次の通りである。

舞（蒔）田近藤武者＝上田市塩田平
桑原安藤二＝諏訪郡か更埴市か、諏訪氏の一族か
（桑原）安藤三＝同前
木曾中太＝木曾郡木曾町宮の原付近か
（木曾）弥中太＝同前
下根井大野（弥）太＝佐久郡根井（佐久市）
根（祢）津新（神）平＝小県郡祢津（東部町）
熊坂四郎＝水内郡熊坂（信濃町）
志津摩《しずま》太郎＝水内郡静間（飯山市）
（志津摩）小次郎＝同前

古活字本では信濃の武士を、「海野・望月・諏方・蒔・桑原安藤・木曾中太・弥中太・根井大矢（弥）太・根（祢）津神平・静妻（志津摩）小次郎・方（片）切小八郎大夫・熊坂四郎」とし、金毘羅本では志津摩太郎を欠く。

この他、半井本・古活字本では、後述するように義朝配下として活躍する片切《かたぎり》小八郎大

夫景重を描いている。片切は、上伊那郡中川村の天竜川西岸であり、律令期には同地に東山道賢錐《かたぎり》駅が置かれたとされる。この地を本貫地とする武士である。

七月十一日、天皇方は接収していた藤原氏長者頼長の東三条殿に本営を設け、ここでの軍議で院方へ、先制の夜襲攻撃を仕掛けることに決した。夜襲を提起したのは源義朝であり、義朝は平清盛《きよもり》らに内裏を警固させ、一身で院を攻撃する案を主張するほど合戦に積極的であった。この案は信西に、内裏の警護の必要なし、全軍で攻撃すべしと一蹴《いっしゅう》されるが、それでも天皇方三手のうちの一手を任され、二条大路を東に向けて出撃した。この際に義朝に従っ

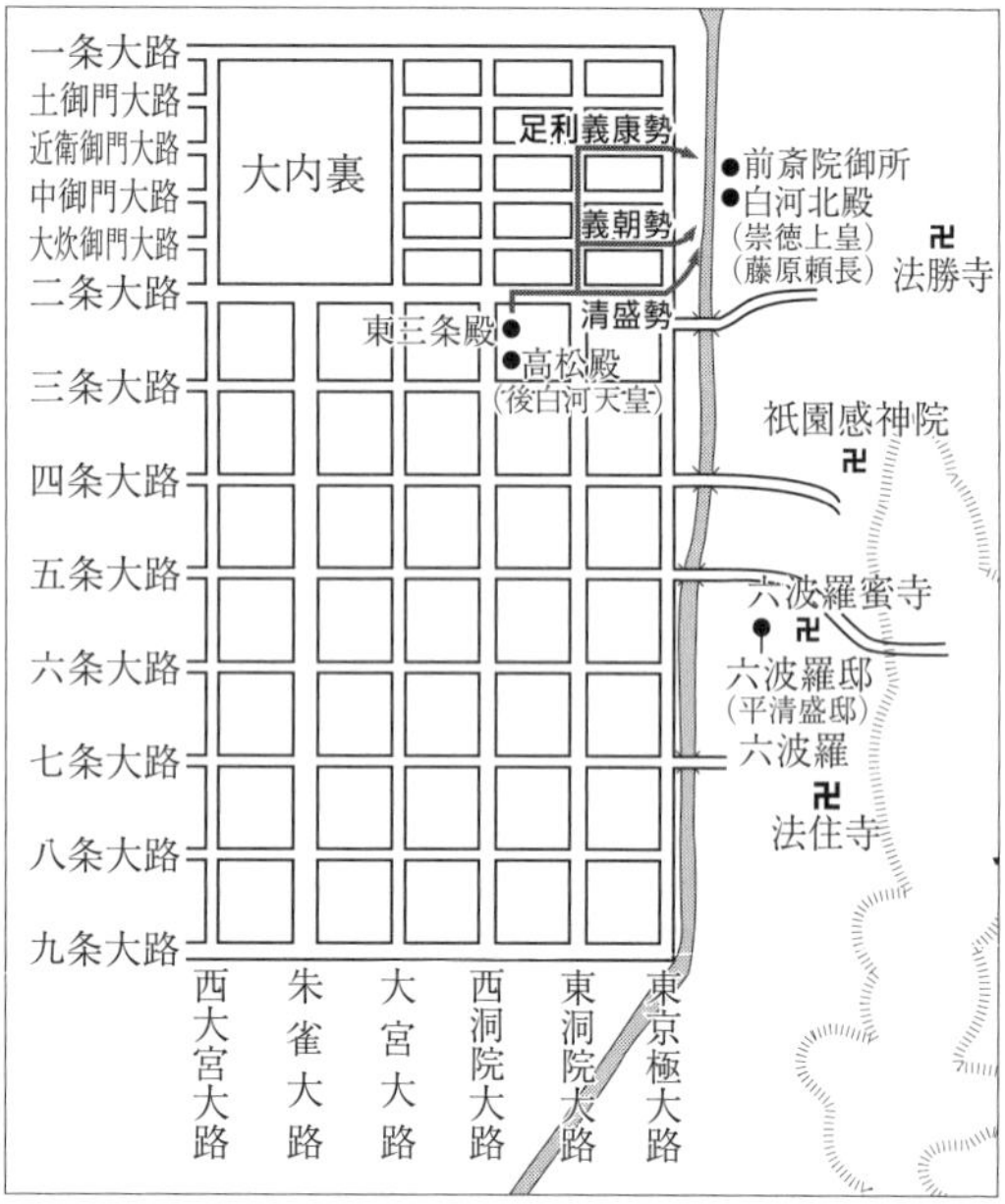

保元の乱関係洛中図

ていたのが前掲の信濃武士である。

崇徳院方は、十日、鴨川の東の白河殿に入り頼長と合流すると、兵を集めて敵対の姿勢を明らかにする。この院方の武士のうち剛弓で武名を高めたのが源為朝《ためとも》、通称鎮西八郎為朝であった。その弓勢《ゆんぜい》は尋常でなく、鎧武者一人を射通して二人目を鞍骨《くらぼね》ごと串刺したという。源義朝の軍勢は、この為朝の守備する大炊御門《おおいみかど》の西門に突撃した。

天皇方は兵力で圧倒しており、為朝は門の内へ引き退いて戦うこととし、義朝軍は勝ちに乗じて門へ殺到する。大庭景義《おおばかげよし》・景親《かげちか》兄弟、山内首藤《やまのうちすどう》親子、海老名季貞《すえさだ》らが前面に立って突撃していったが、その面々の中でも片切景重は一味違った武勇を示した。

門内へと殺到する義朝配下を尻目に、景重は門の西側の築地の犬走《いぬばしり》（築地とそれに沿う溝との間の空間）に行き長刀《なぎなた》を脇に挟んでたたずんでいた。これを見た兵士たちは「古兵《ふるつわもの》とは豪気なものだな、合戦もしないで休んでおられる」と顔を見合わせる。ところがしばらくすると、景重が近づいてきて、敵の設置していた防御の楯を奪うと、「おのおの方、これを楯にして戦いするのが宜しかろう」と楯を投げてよこし、長刀を取り直して敵を打ち払うと、悠々と引き退いていったという。いかにもベテランらしい、ツボを心得た余裕のある戦いぶりといえよう。

以上は半井本『保元物語』の記事であるが、また古活字本では、また別の逸話を載せる。片切小八郎大夫景重は、長井（斎藤）実盛・長井実員・山内首藤俊綱といった主要な武将たちとともに白河殿へ突入すると、為朝配下の若武者である手取与次と駆け合い、老武者であった景重が戦い疲れて危うくなると、秩父《ちちぶ》行成《ゆきなり》が助太刀に入り、行成が放った矢が与次の妻手《つまで》（右手）の草摺のないところを射抜き、退けさせると、景重は勝ちに乗じて突進していったという。老武者のかくしゃくとした合戦の情景が、彷彿《ほうふつ》とされる。

義朝は強硬に殿内への突入を命じたため、為朝の格好の標的となり、大庭・海老名など多くの武将が、その剛弓により深手を負って退いていった。信濃武士の蒔田近藤武者・桑原安藤次・安藤三・木曾中太・弥中太・根（祢）津神平・根井大弥太・志津摩小次郎らも、この戦闘で傷つき退いたという。

多大な損害を出しながら、一向に為朝の守備を突破できないことにさすがの義朝もひるみ、一旦、強硬攻撃を中止すると、信西の許可を得て白河殿に火を放ち火攻めとした。これが決め手となり院方は総崩れとなって、やがて首謀者である藤原頼長は流れ矢にあたり、その傷がもとで死去し、崇徳院は仁和寺《にんなじ》に現われたところを拘束され讃岐《おき》に配流された。義朝の父為義をはじめ、武士も処刑、もしくは配流されることになった。

保元の乱における院方の信濃武士

信濃武士で崇徳院方についた武士もいた。当時の公家の日記『兵範記《ひょうはんき》』保元元年七月十日条には「(崇徳)上皇白川殿において軍兵を整えらる、これ日ごろ風聞すでに露顕するところなり、散位平家弘・大炊助平康弘・右衛門尉平盛弘・兵衛尉平時弘・判官代平時盛・蔵人平長盛・源為国ら各々祗候」とあり、崇徳院の拠る白河殿へ参じた武士が列記してある。この内、源為国は清和源氏で信濃国の村上御厨を本貫地とした村上一族の為国である。『尊卑分脈《そんぴぶんみゃく》』は為国に「崇徳院判官代《ほうがんだい》」と注記しており(第Ⅱ部　清和源氏頼清流参照)、為国は崇徳院の家司《けいし》であり、その関係から保元の乱では院方に参じたものと思われる。また、半井本『保元物語』には院に召された武士として「村上判官代基国」がみえる。この基国が為国の子であることは『尊卑分脈』で確認でき、その基国には「高陽院《かやのいん》判官代」と注記されている。高陽院は藤原忠実の娘で、鳥羽天皇に入嫁していた泰子である。忠実は院方の張本頼長の父であり、こうした点からすると、為国――基国親子は、もとより院方に与《くみ》する政治的な立場にあったといえよう。

他に、片切景重の兄弥太郎為重は院方の源為義に従っており、戦に敗れると自害している。また『保元物語』では、院方に召された武士の中に「下総判官（平）正弘《まさひろ》」がみえる。正弘は乱後、その所領が没官《もっかん》（謀叛人《むほんにん》の所領・所帯《しょたい》を国家へ没収すること）され、後院領《ごいんりょう》（退位後の天皇に準備された所領）とされている。その中に信濃国の所領四ヶ所が含まれていたことが、当時の公家の日記『兵範記』保元二年三月廿九日条に引用された太政官符《だじょうかんぷ》にみえる。

三月廿九日、甲子（中略）
　太政官符　後院司
　応レ為二院領一故左大臣（藤原頼長）并故前左馬助平忠貞・散位同正弘等所領事
一、故左大臣領（中略）
一、故前左馬助平忠貞領（中略）
一、散位平正弘領
　伊勢国肆箇処
　　大井田御厨　笠間御厨　石川御厨　富津御厨
　信濃国肆箇処

麻績御厨　公郷領参箇処　高田郷（水内郡）　市村郷（水内郡）　野原郷（安曇郡）
越後国壱処
　魚野郡殖田郷
（中略）
権右中弁藤原朝臣
　保元二年三月廿五日　　　　　　　　左大史小槻宿祢

『保元物語』の院方に召された武士の中に「下総判官正弘・左衛門大夫家弘・七郎安弘・

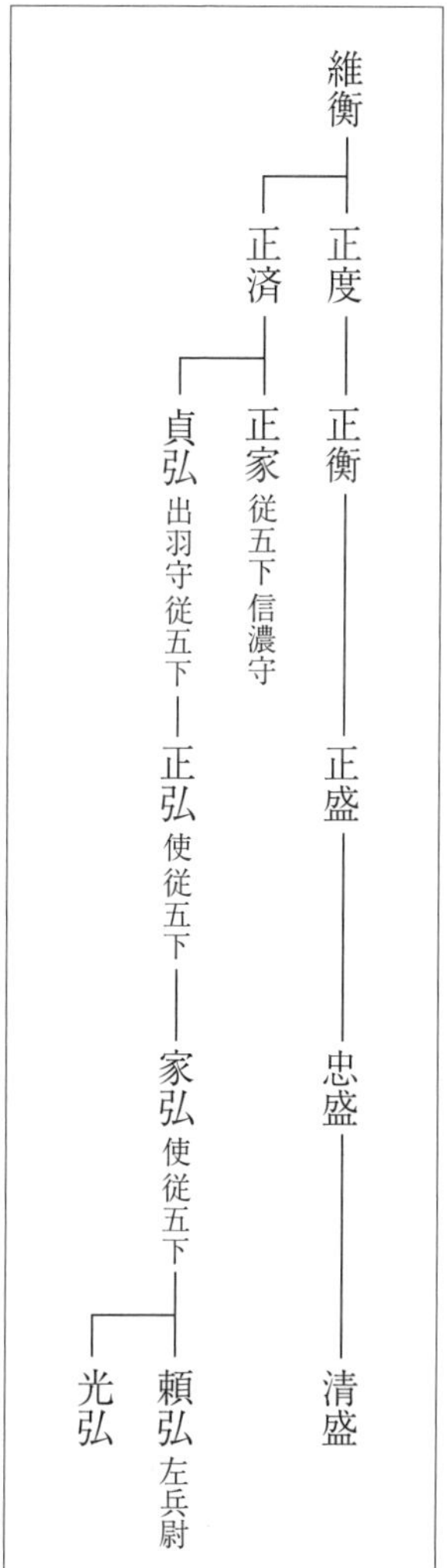

桓武平氏 正済流系図（『尊卑分脈』）

八郎憲弘・大炊助康弘・左衛門尉時弘・右衛門尉盛弘」（半井本）と名前に「弘」を用いた武士が多くみられる。『尊卑分脈』では正弘――家弘――光弘という親子関係が確認でき、『保元物語』中でも「左衛門大夫家弘、子息光弘」「家弘ガ弟時弘」と「弘」を用いる人々の血縁関係が確認でき、彼等は正弘の近親と考えられる（井原02）。

七月二十五日、院方の武将たち一七人の処刑が行われているが、「左衛門大夫家弘・右衛門尉盛弘」「大炊助度（康）弘」「中宮侍長光弘」「左兵衛尉時弘」（以上半井本『保元物語』）と「弘」系の人々が、この時、多く斬首《ざんしゅ》されているが、これも「弘」系の人々が近親であるためと考えられる。

信濃国に多くの所領を持っていた平正弘は、一族で崇徳院方に与していたらしく、院方の敗北がおよそ明確になった段階で、正弘の子家弘と、孫の光弘が新院御所へ参じて「いかにも此御所叶わせ御座候《おはしまし》まじ」と、白河殿を放棄して逃れるべきを崇徳院へ奏上し、東山への逃亡に両人が供をしているように、家弘・光弘が乱における一族の枢軸であり、また院方の中心的な存在でもあったことがうかがえる。

信濃の所領四ヶ所を没官された正弘の伯父正家は、『尊卑分脈』に信濃守とみえる。『今昔《こんじゃく》物語《ものがたり》』（巻一三）には、この正家が、信濃国内に所領をもち京都と往来していたとみえるので、

信濃国司一覧

氏名	所見年月日	種別
平正家	(十一世紀後半頃)	任信濃守
藤原親隆	長承元年(一一三二)	補任
藤原朝隆	保延五年(一一三九)	補任
藤原賢行	康治二年(一一四三)	補任
藤原清通	久安四年(一一四八)	補任
藤原顕賢	保元二年(一一五七)	補任
藤原高尹	保元三年(一一五八)	補任
藤原伊輔	永暦元年(一一六〇)	補任
藤原隆雅	仁安三年(一一六八)	補任
〔知行〕藤原忠雅	承安二年(一一七二)	
藤原実教	承安二年(一一七二)	補任
〔知行〕源(木曾)義仲	寿永二年(一一八三)	
源(加賀美)遠光	文治元年(一一八五)	補任
〔知行〕源　頼朝	文治二年(一一八六)	
藤原資経	建久元年(一一九〇)	補任
〔姓欠〕行通	建久六年(一一九五)	見任
〔知行〕藤原良経	建仁二年(一二〇二)	
藤原家時	元久二年(一二〇五)	見任
藤原基綱	建永元年(一二〇六)	補任
〔知行〕藤原基行	建永元年(一二〇六)	
藤原隆綱	承元四年(一二一〇)	補任
〔知行〕藤原(四条)隆衡	建保元年(一二一三)	
藤原(二階堂)行光	建保四年(一二一六)	見任
〔姓欠〕忠重	承久二年(一二二〇)	見任
〔知行〕藤原(四条)隆仲	嘉禄二年(一二二六)	
藤原隆雅	嘉禄二年(一二二六)	補任
〔知行〕藤原(滋野井)実宣	嘉禄二年(一二二六)	
藤原信忠	安貞元年(一二二七)	補任
〔知行〕藤原為家	安貞元年(一二二七)	
源　頼俊	寛喜三年(一二三一)	補任
〔知行〕源　雅親	寛喜三年(一二三一)	
源　輔通	貞永元年(一二三二)	補任
〔姓欠〕信重	宝治三年(一二四九)	見任
源(佐々木)泰清	正嘉二年(一二五八)	補任
藤原(二階堂)行実	文永五年(一二六八)	補任
藤原(二階堂)行章	文永十一年(一二七四)	補任
藤原親世	弘安十年(一二八七)	補任
安倍雅遠	正応元年(一二八八)	補任
藤原雅任	正応二年(一二八九)	補任
藤原(二階堂)行貞	永仁三年(一二九五)	補任
三善時連	永仁六年(一二九八)	補任
荒井頼任	嘉元元年(一三〇三)	見任
〔姓欠〕久俊	応長元年(一三一一)	見任

※〔知行〕……知行国主

あるいは、この伯父正家との関係で正弘が信濃国の所領を得たとも考えられよう。

正弘の信濃国の所領四ヶ所は没官されてしまうが、これで信濃との関係が途絶えてしまうわけでなく、子孫がその遺領を継承していたであろうことが、『平家物語』の記事で理解される。すなわち延慶本《えんぎょうほん》『平家物語』の横田河原の合戦で富部《とべ》三郎家俊は、「鳥羽院の御時北面に候し、下野右衛門大夫正弘が嫡子、左衛門大夫家弘とて、保元合戦の時、新院の御方に候て合戦仕たりし、其故に奥州へ被流《ながされ》き、其子に夫瀬三郎家光、其子富部三郎家俊」と名乗っている。ここに「平正弘――家弘――夫瀬家光――富部家俊」という血統が宣言されており、夫瀬《ふせ》は更科郡布施御厨、富部は同郡富部御厨とされ、正弘が没官された水内《みのち》郡高田郷・市村郷にほど近い場所になる。正弘一族は、没官された後も信濃の基盤を喪失してはいなかったと考えられよう。

平治の乱と信濃武士

保元の乱によって、治天君となる可能性を残した崇徳院と、摂関家の再興をもくろむ藤原忠実・頼長親子を葬った旧鳥羽院勢力の中心は、同院近臣であった信西であった。信西は後白河天皇を擁して、内裏の新造や荘園整理令、悪僧の禁圧を盛り込んだ新制《しんせい》の制定などに、積極的に取り組んだ。信西とともに権勢を誇ったのは鳥羽院皇后の美福門院であり、美福門院は後白河天皇の子守仁《もりひと》を猶子《ゆうし》とし、その即位を信西と謀《はか》り、早々に後白河天皇を退位させ、守仁親王（二条天皇）を即位させた。

これによりまた、治天君の権力をめぐる戦いが後白河院と二条天皇の間で過熱しはじめるのである。その矛盾のエネルギーは、まず鳥羽院権力を継承していた信西へ向けられた。信西に出世を阻まれたとして後白河院の近臣藤原信頼《のぶより》が、源義朝を引き込んで、平治元年（一一五九）十二月九日、挙兵する。院御所三条殿を襲撃して信西一族を追捕《ついぶ》し、やがて逃亡していた信西も大和まで追捕して死に至らしめる。クーデターを成功させた藤原信頼は、自在に叙位任官《じょいにんかん》を行うなど政権を掌握したが、その絶頂も長くは続かなかった。二条天皇側近の手引きで信頼・義朝の手許から、平清盛の六波羅邸へ天皇の身柄が移されると、信頼・義朝は謀叛人・朝敵とされ、源義朝は果敢に六波羅邸へ攻め込むものの退けられ、東国へ向けて京都から敗走することになり、信頼も捕らえられて斬罪となる。

学習院蔵本『平治物語』（新岩波日本古典文学大系）では、義朝のたのむところの武士とし

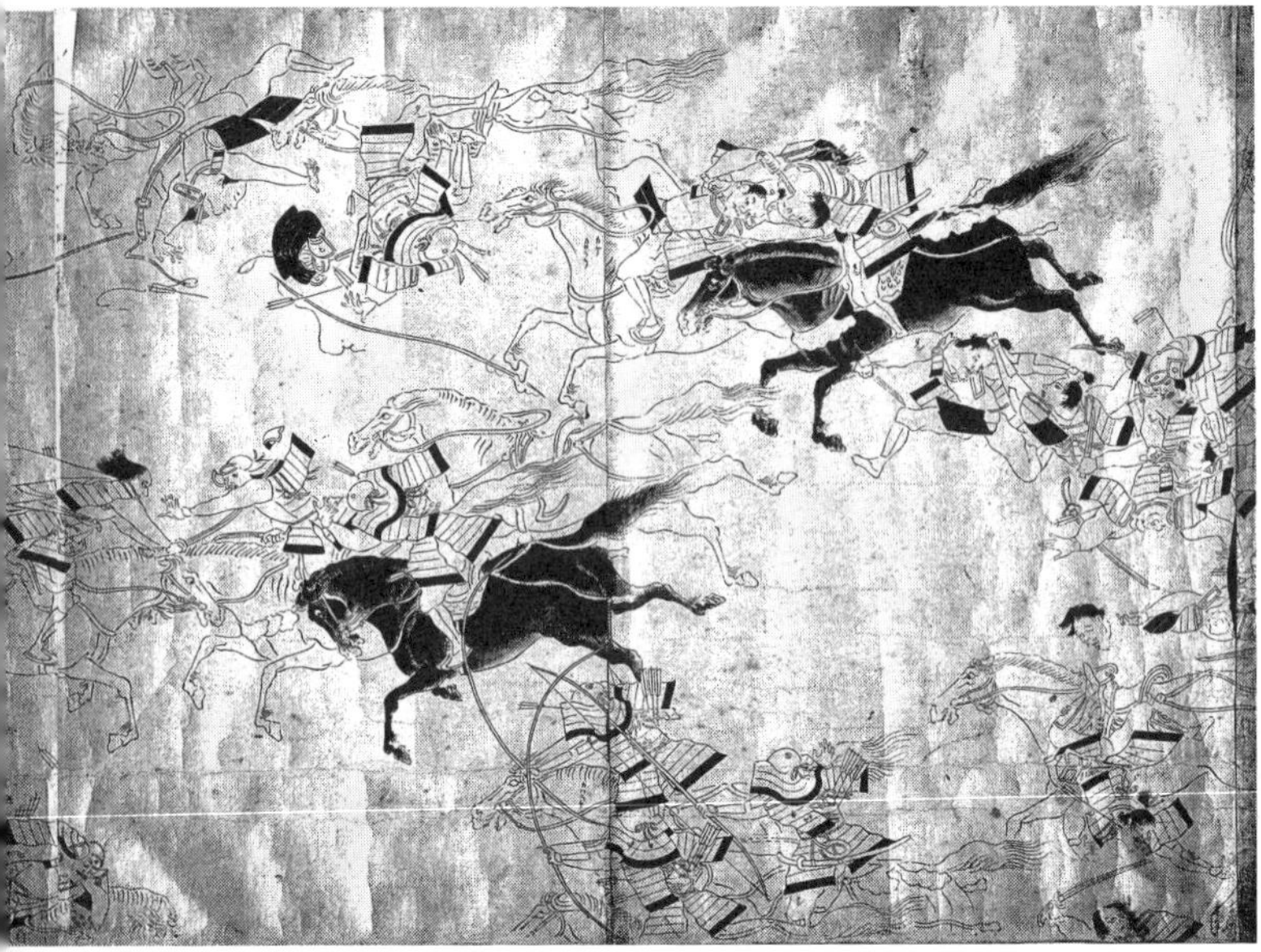

（東京国立博物館蔵 Image: TNM Image Archives）

て「信濃源氏平賀四郎義信」「信濃国の住人片切小八郎大夫景重」とみえる。また古活字本『平治物語』『参考平治物語』ではより多数「信濃国ニハ片切小八郎大夫景重・木曾中太・弥中太・常盤井・榑・強戸次郎」をあげる。

平賀義信《よしのぶ》は武田・佐竹と同じ清和源氏義光流であり、佐久郡《さくぐん》平賀郷を名字の地とする（第Ⅱ部　清和源氏義光流参照）。片切景重は、保元の乱で古兵とみえ、木曾中太・弥中太も保元の乱での義朝の手勢としてみえる。常盤井は水内郡常盤《ときわ》牧、強戸は下伊那郡《いなぐん》の郡戸《ごうど》

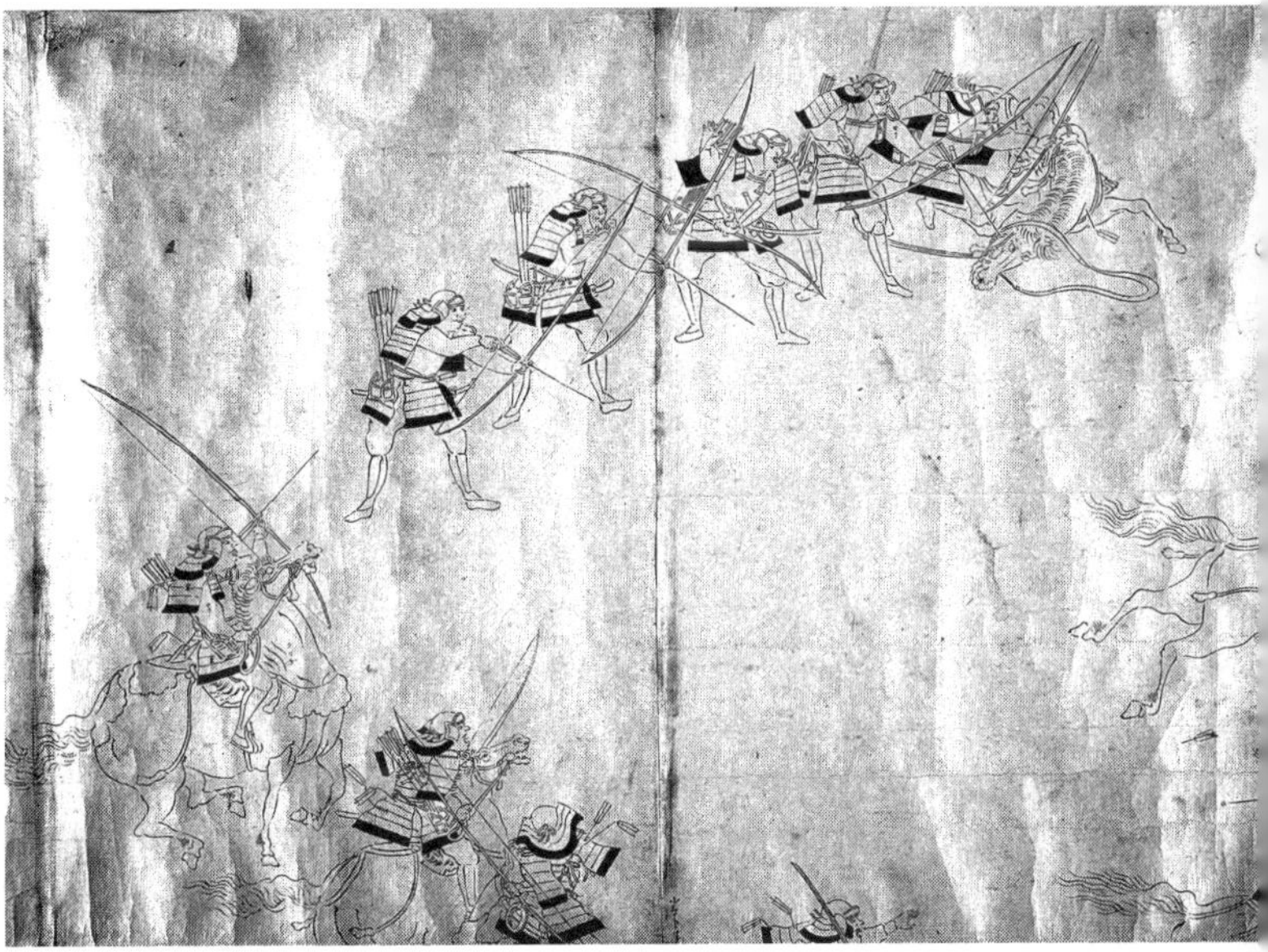

六波羅合戦絵巻 模本　平治の乱三条河原の合戦 平氏軍の追撃を防ぐしんがり部隊

荘があり、その他、飯山市・諏訪市・松本市などに顔戸・神戸《かんべ》があるので、これらのいずれかであろうとされる（『県史』二）。

二条天皇を平清盛に奪われた源義朝は、官軍として朝敵を追討する立場から、謀叛人として追討される立場に転じた。乱の勃発《ぼっぱつ》時、清盛は熊野参詣《さんけい》に出ていて後手に回ったが、熊野勢力と本拠である伊勢の勢力を加えて帰京し、天皇を確保して兵力・大義名分ともに充分な形勢を準備し、十二月二十七日、平重盛《しげもり》・平頼盛《よりもり》を大将として追討軍を内裏に派遣する。

兵数では劣る義朝軍ではあるが、一騎当千《いっきとうせん》の武者揃いで、内裏へ侵入してきた重盛軍五〇〇騎以上を、わずか一七騎で蹴散らし追い返すと逆に打って出る。その義朝軍中には片切景重もいた。また、義朝軍が引き上げる平重盛・頼盛軍を追撃して鴨川を渡って六波羅邸を攻撃する際には、平賀義信・片切景重がみえる。やがて攻め疲れた義朝軍は、北に向けて退却するが、大将義朝を退去させるため平賀・片切両人は、取って返して追撃してくる平氏軍を迎え討った。

片切景重は山内首藤俊通《としみち》が討たれたのを見て、その敵の真っ只中に駆け込み、わき目も振らず戦っていたが、運悪く太刀が折れてしまうと、腰刀《こしがたな》を抜き、良き敵《かたき》と組んで刺し違えて討死する。これら配下の決死の戦いのおかげで、義朝はこの場を逃れることができたという（『保元物語』）。

鎌倉幕府成立後の『吾妻鏡《あづまかがみ》』元暦元年六月二十三日条では片切太郎為安（景重の甥・惣領為長の子為康か）が、父片切景重の忠節により平氏に没収されていた片切郷を頼朝から安堵《あんど》されており、また平賀義信は鎌倉幕府の重鎮として武蔵守に推挙され、またその子（大内惟義《これよし》・朝雅《ともまさ》も重用されている。これらは頼朝が平治の乱での片切・平賀の忠節を重んじたためと考えられよう。

平氏政権下の信濃

平治の乱では、それまで豪腕を振るってきた信西、後白河院側近の藤原信頼、源義朝と源重成、源季実《すえざね》らが没落したが、加えて後白河院と二条天皇との勢力争いのなかで、天皇側近の藤原経宗《つねむね》、藤原惟方《これかた》も、罪を得て配流される。やがて二条天皇も夭亡《ようぼう》すると後白河院——平清盛ラインが政権を掌握することになった。

清盛は太政大臣となり、その一族は嫡子重盛を筆頭に多数が公卿となり、また知行国・受領も多数にのぼった。平氏が代々、海賊征伐《せいばつ》などを介して西国を中心に勢力を拡大したことは有名であるが、頼朝挙兵の際に大庭景親が、相模《さがみ》・武蔵の平氏軍を統括して石橋山の合戦に勝利し、駿河《するが》国の目代《もくだい》が富士川の合戦以前に、甲斐源氏を追討するために独自に発向するなど、東国にもその権勢が浸透している。

信濃国にも平氏政権の支配権が及んでおり、木曾義仲《きそよしなか》の挙兵にあたって、高井郡《たかいぐん》の笠原頼直《よりなお》が追討の兵を挙げ、また甲斐源氏がその挙兵にあたり、手始めに平氏の方人《かたうど》菅冠者の伊那郡大田切《おおたぎり》郷の城を陥落させるなど（第二章参照）、親平氏勢力が多く存在していたこと

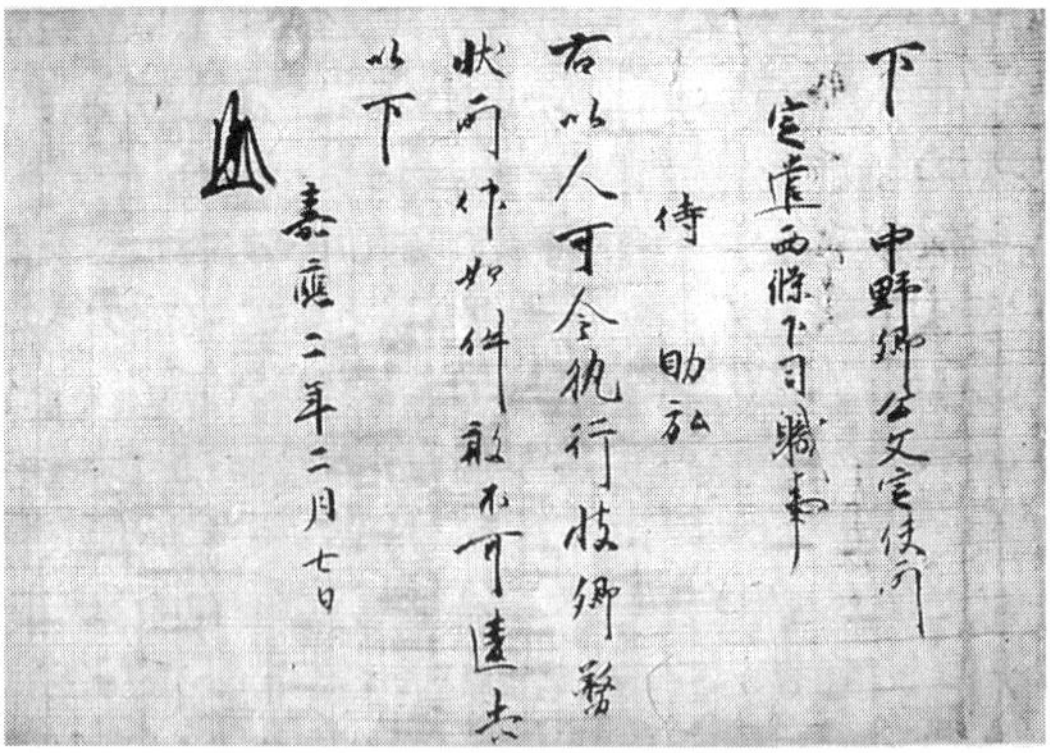

下　中野郷公文定使所
定補西條下司職事
侍　助弘
右以人可令執行彼郷務
状所仰如件、敢不可違失
以下
嘉應二年二月七日

嘉応二年二月七日 某下文（市河文書・本間美術館蔵）

は確実である。

この他、嘉応《かおう》二年（一一七〇）二月、藤原助弘を信濃国中野郷西条の下司に任命した下文《くだしぶみ》（市河文書）の端裏書には、「へいけ（平家）の御下文」とあり、詳細は不明であるが平氏政権の勢力が及んでいた可能性がある。

また『吉記』承安《しょうあん》四年八月十三・十六日条では、小県郡《ちいさがたぐん》塩田荘（上田市）の最勝光院《さいしょうこういん》領としての立荘の件が討議されている。最勝光院は、後白河院皇后建春門院《けんしゅんもんいん》滋子《しげこ》が建立した寺院で、滋子は平清盛の妻、時子の異父妹であり、平氏と後白河院をむすぶ絆としての役割を果たしていた。よって最勝光院領のほとんどは平氏の寄進によっており、塩田荘の寄進にも平氏が関わっていた可能性が高いと考えられる。

塩田荘は、文治《ぶんじ》二年（一一八六）正月八日源頼朝袖判下文によって惟宗《これむね》（島津）忠久《ただひさ》が同荘地頭職《じとうしき》に補任されており、地頭制度発足直後に地頭が補任されていることからして平家没《へいけもっ》官領《かんりょう》と考えられ、この点も立荘への平氏の関与を示唆する。

諏訪社も平頼盛領として平家没官領に入れられており、頼朝は頼盛の母池禅尼《いけのぜんに》に命を救われた恩義から、頼盛に没官領を返付したが、その際に伊勢国六ケ山《むかやま》と交換している。頼盛領注文で同社は女房御領に分類されているが、妻である八条院（鳥羽院皇女）女房の関係で入手したのかもしれない（『吾妻鏡』元暦元年（寿永三年）四月六日条）。

また後述するように、安曇郡《あずみぐん》藤尾郷覚園《かくおん》（音）寺《じ》の千手観音像（重文）の胎内に収められた木札には「治承三年十月廿五日」「大施主平朝臣盛家　芳縁女大施主伴氏」と施主《せしゅ》名があり、平盛家は仁科《にしな》盛家のこととされている。当時は平氏政権の全盛期でもあり、本来、安部・平・源と仁科氏の姓は一定しておらず、この際に平姓を称していたのは、平氏政権との関係からではないかとされる（第Ⅱ部第二章参照）。

平治の乱の後、平氏政権の影響は確実に信濃にも浸透していた。しかしその浸透が、逆に反平氏という反動を生み出していたのではなかろうか。頼盛領となっていた諏訪社は、以仁王《もちひとおう》の令旨《りょうじ》に呼応して挙兵した甲斐武田勢力のために祈禱《きとう》を行っていたとされる。

第二章　木曾義仲と治承寿永の内乱

以仁王の乱

清盛は人臣《じんしん》としての最高位である太政大臣に達すると、まもなく官位を辞して、病を理由に出家し、「入道相国《にゅうどうしょうこく》」と呼ばれるようになる。清盛入道は、六波羅泉殿《いずみどの》を嫡子重盛に譲り、福原の別荘を本拠とした。

安元《あんげん》二年(一一七六)、後白河院と平氏の間をつないでいた院の女御《にょうご》建春門院が崩じ、治承三年(一一七九)には、院司《いんじ》として院の信頼を得ていた重盛が病死すると、院と清盛の関係は急速に悪化していった。

後白河天皇は、美福門院の子近衛天皇の死去に伴って、同女院の猶子二条天皇を即位させるための臨時の天皇であり、平治の乱後の二条天皇との権力抗争も、平清盛のバックアップがなければ、競り勝てたとは思えない。それが平氏政権に擁立されて治天君として長く朝廷に君臨することができたのである。

院と清盛の二人三脚の体制は、院・清盛それぞれの自立志向が強くなるにつれ崩壊していった。清盛は後白河院の皇子高倉天皇に娘徳子を入内させ、安徳天皇を即位させると、治承《じしょう》三年十一月、後白河院の治世を停止し、娘婿にあたる高倉院を治天君とする平氏政権体制を樹立した。

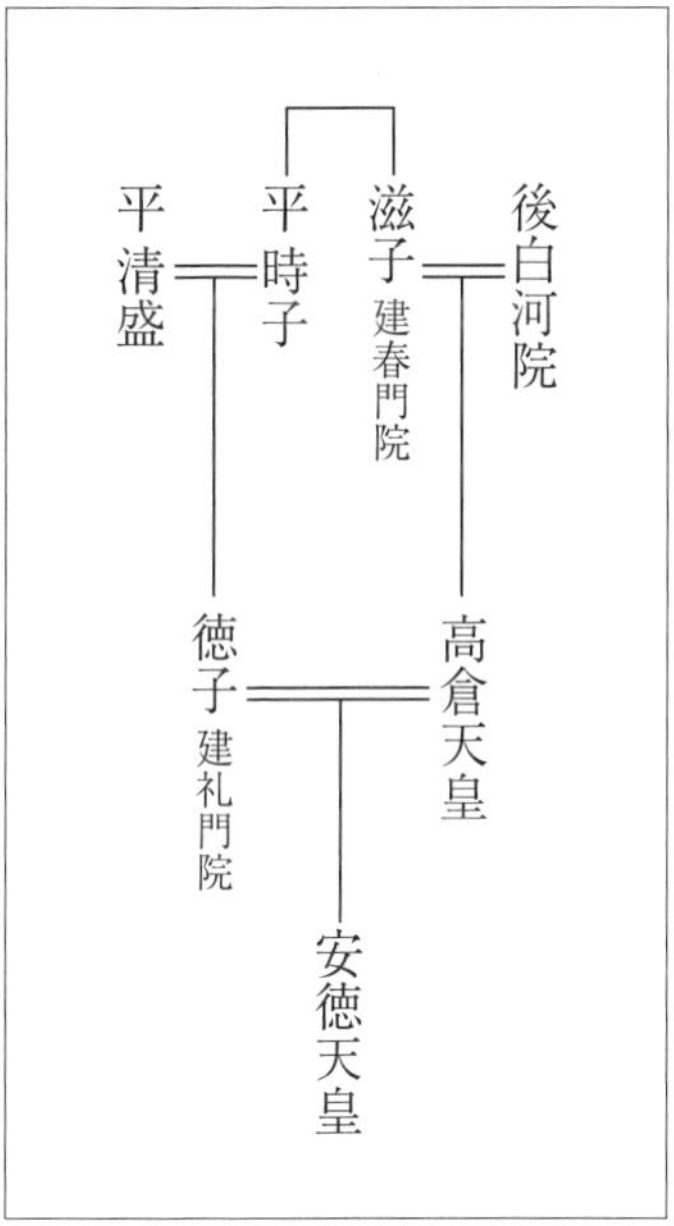

後白河・平清盛関係図

以仁王の乱は、こうして治天君高倉院——安徳天皇とそれを支える平氏一門という平氏政権の体制が、ほぼ確立された段階で発生した。治承四年四月九日、以仁王は「東海・東山・北陸三道諸国源氏并群兵等」に対し清盛法師とその従類を追討すべしとの令旨を発し、反乱が発覚すると園城寺《おんじょうじ》に籠もって平氏政権への抵抗の姿勢を明らかにした（『吾妻鏡』同二十七日条）。

以仁王が頼りとした兵力は、園城寺の他、延暦寺・南都興福寺など寺院勢力であり、園城寺から南都へ逃れる途中、宇治平等院で平氏軍の攻撃を受けて戦没する。しかし、この令旨は源行家《ゆきいえ》が東国へ持ち廻り、全国的な内乱の勃発の口火となったのである。『平家物語』では、行家は源頼朝の他、木曾冠者義仲・平賀冠者盛義・平賀義信・大内太郎惟義・岡田冠者親義らに触れたとする。

また『源平盛衰記《げんぺいじょうすいき》』の宇治川の橋合戦では、以仁王勢を攻撃した平氏軍の先陣をきって橋に上がり、矢を射懸けた面々のうち、信濃の住人として「吉田の安藤馬允・笠原平三・常葉江三郎」がみえる。このうち常葉江《ときわえ》三郎は内兜《うちかぶと》（兜の内側）を射られて引き退いたという。

吉田は中世地名として小県郡・筑摩郡《ちくまぐん》・伊那郡・高井郡・水内郡にみられる。保元の乱では金毘羅本『保元物語』に「桑原安藤次」がみえ、第一章で示したように諏訪氏の一族かとされている。笠原は中野市笠原を本拠とし、『吾妻鏡』治承四年九月七日条などに、平氏方の武士として「笠原平五頼直」がみえるので（五六頁参照）、この一族であろう。常葉江は飯山市常盤牧を本拠とする武士か。

木曾義仲と木曾谷

木曾義仲は河内源氏棟梁源為義の孫にあたる。二歳の時に父義賢《よしかた》を久寿《きゅうじゅ》二年（一一五五）八月の武蔵国大蔵館《おおくらのたち》の合戦で失い、信濃国木曾谷の中原兼遠《なかはらのかねとお》の許で成長したとされる。『吾妻鏡』では「時に義仲、三（二）歳の嬰児《えいじ》たり、乳母夫《めのとふ》中三権守兼遠、これを懐《いだ》き、信濃国木曾に遁《のが》れ、養育せしむ」（治承四年九月七日条）とし、中原兼遠の妻が義仲の乳母で、その夫である兼遠が陥落した大蔵館から木曾に逃し、そこで養育したのだとする。また『平家物語』では「久寿二年八月十六日、鎌倉の悪源太義平が為に誅せらる、その時義仲二歳なりしを、母泣々抱へて信濃へ越え、木曾中三兼遠が許に行き」とし、父義賢の討死の後、母親に抱かれて兼遠の許に赴き、そこで二〇余年養育されたとする。『平家物語』では、兼遠と義仲との関係には直接の言及はないものの、義仲の母と兼遠がかなり近しい関係にあったことは間違いない。血縁者と考えるべきであろう。

最も詳細なのは『源平盛衰記』である。まず「父（義賢）が討れける時は、木曾は二歳、名をば駒王丸と云」とあり、義仲の幼名を「駒王丸」と記す。義賢を討った源義平《よしひら》は、義賢を討った後に上洛したが、その際、畠山庄司重能（重忠の父）に「駒王をも尋出して必ず害すべし、生残りては後悪かるべし」と、駒王の探索と殺害を厳命した。

重能は「慥《たしか》に承ぬ」と返答はしたものの、「如何二歳の子に刀をば振べき」と幼子を殺《あや》めることを不憫《ふびん》と思って、ちょうど斎藤《さいとう》（長井《ながい》）別当実盛《べっとうさねもり》が武蔵へ向かうと聞き、「駒王丸を母に抱かせて、これ養い給へ」と駒王と母親とを実盛に預けることとした。斎藤実盛は、この後、源義朝の従者として保元・平治の乱を戦い、治承寿永の乱では、古兵として平氏軍に属して篠原《しのはら》の合戦に参陣して、義仲配下の手で討たれることになる。

実盛首洗い池（加賀市）

さて駒王丸とその母を引き受けた実盛はしばらく思案して、東国は源氏の家人の多い所なのでやがて見つかるだろう、その点、木曾は山深い所で、そこの領主である兼遠はひとかどの人物なので、彼の養育の許で成人させるのがよかろうと、兼遠に任せることとした。

また、兼遠には、成長したあかつきには、主人として憑《たの》むとよいだろうと連絡し、駒王丸とその母を兼遠の許へ遣ったのだという。兼遠は駒王丸を見て「此《この》人は正《まさし》く八幡殿（源義家）には四代の御孫」であり、「日本国の武家の主」になるやもしれぬ、何とか成人させて「北陸道の大将軍」にたてて世に出そうと思いをめぐらし、二〇年余りの間、「木曾ノ山下」という所で隠し育てたのだという。

この畠山重能《はたけやましげよし》と斎藤実盛の機転によって、駒王丸は生き延び成長して木曾義仲として活躍することとなる。しかし義仲の命を救ったはずの斎藤実盛は、篠原の合戦で義仲配下の手《て》塚光盛《づかみつもり》によって討たれるのである。自身の温情が、逆に身の徒《あだ》となるという運命のいたずらであるが、首を落とされる際、自分が義仲に大恩ある実盛であることを決して名乗らなかったという。また、合戦に臨んで、白髪を黒く染めて老齢であることを隠したこともまた有名である。

実盛は、後世、謡曲《ようきょく》「実盛」が普及するなど、世に大きな影響を与えた武将である。畠山重能にしても、息子重忠《しげただ》が、一ノ谷の合戦で、馬をいためると言って崖を乗馬で降りずに、馬を担いで降りたという伝説のある大力の武将として高名である。『源平盛衰記』の義仲の成長の語りは、こうした「有名人」に囲まれた「説話」の域を出るものではないが、木曾義仲というキャラクターの大きさのなせるところであろうか。

木曾という場所

上洛した義仲は「立居の振舞の無骨さ、物なんど云たる詞つきの頑《かたく》なさ」で、「堅固の田舎人」（延慶本『平家物語』）と評される。それは信濃木曾に二歳より二七年間にわたって隠れ住み、「然《しか》るべき人に馴《な》れ近付く事」がなかったからだという。京都人からみると木曾は大変な田舎で、そこで成長した義仲も身分の高い人との交流がないために、「堅固の田舎人」であったと言われているのであるが、当時は、京都以外はみな田舎であり、他の地域と比べても特に田舎といわれるべきなのであろうか。

距離からすれば、坂東などより余程近いし、確かに元慶《がんぎょう》三年（八七九）に美濃《みの》・信濃両国境が定められた際には、鳥居峠が境とされ、それ以南の現木曾町は美濃とされているように、美濃・信濃の境界域にあたるが、木曾川に沿って美濃中津川〜信濃塩尻をむすぶ木曾路は、早くも和銅《わどう》六年（七一三）には開削されており未開の地ではない。

ことに中原兼遠の館の所在地、長野県木曾町（旧木曾福島町）上田、及び義仲の館があったとされる宮《みや》の越《こし》付近は、伊那に抜けて東山道《とうさんどう》にアクセスする道と、西の飛騨高山へ抜ける道がほぼ交差する場所にあたり、近世中仙道が木曾路に設定されると福島関所が程近くに置かれるなど、交通の要衝である。もちろん都会とはいい難いが、文明が比較的入りやすく、人の往来も多かったと考えられる。

木曾谷の風景

それはここに「中三権守兼遠」と称する領主がいたことでも明らかだろう。「中」は中原（氏）の略（藤原氏なら藤）で、権守《ごんのかみ》は信濃国など国の権守に任命されていたことを示す。坂東でも武蔵の在庁官人《ざいちょうかんじん》系の武士である秩父一族は秩父権守・豊島権守、横山氏は横山権守、同じく相模では三浦権守、上総では上総権介《ごんのすけ》（上総は親王が守になるので、介が実質的な守）など権守・権介を名乗る武士が多い。彼等は国内の有力者で、国衙で国務を主導する立場にあり、かつ中央とむすびついて荘園を立て、その荘官《しょうかん》となるといった手段で領主化しており、後にこの「権守」を名乗る人々の多くが鎌倉幕府の有力御家人となる。兼遠もこの「権守」を名乗っていること、また河内源氏嫡流の駒王丸を養うということ自体、信濃屈指の有力者である証といえる。その兼遠が本拠としているのであるから、同国内でも重要な場所であるはずだろう。

また『吾妻鏡』文治二年三月十二日条に「宗像少輔領　大吉祖庄」とみえ、この大吉祖荘《おおきそ》は木曾郡内の現木曾町付近に比定されており、領主の「宗像少輔《むなかたのしょう》」は藤原親綱《ちかつな》に比定されている（『木曾福島町史　歴史編』一九八二年）。親綱の父師綱《もろつな》は白河院近臣で、陸奥守時代には、奥州藤原氏二代の基衡《もとひら》の多額の賄賂《わいろ》にも靡《なび》かず、守《かみ》に背いた信夫庄司季春《しのぶしょうじすえはる》の首を刎《は》ねた廉直《れんちょく》の官人として知られる（『古事談』）。この師綱は、娘が後白河院の側近藤原朝方《ともかた》の室となるなど、院権力に密接にむすびつき、地方支配を担うような家柄である。この点からして、親綱領の大吉祖荘も院、もしくはその近親を本所とする王親家《おうしんけ》領荘園である可能性が高い。

中原兼遠・木曾義仲の拠点は同荘の中であり、前述のようにその中枢部と考えられるので、鎌倉初期段階からの推測ではあるが、兼遠は同荘園の現地管理者＝荘官とされる。とすれば、鳥羽院・後白河院ともつながりをもち、上洛する機会もあったであろう。そんな兼遠の許で源氏の嫡流の落胤《らくいん》として将来を嘱望《しょくぼう》されつつ養育された義仲が「然るべき人に馴れ近付く事」もなく「堅固の田舎人」だとする『平家物語』の記事は少々疑ってみるべきだろう。

木曾義仲は嫡子ではない

武蔵国大蔵合戦での義賢の討死により孤児となったのは、実は義仲だけではない。兄仲《なか》家《いえ》は源頼政《よりまさ》の猶子となって京都にいた。『尊卑分脈』によると仲家の母は「周防守《すおうのかみ》（藤原）宗季女（娘）」とあり、これに対して義仲の母については「遊女」としており、仲家と義仲は異母兄弟ということになる。当然、受領の息女が正妻で、遊女が妾《めかけ》ということになり、当時の慣例からすると正室の子供が嫡子であり、遊女の子が嫡子となることはまずない。

頼政が仲家を猶子としたのも彼が嫡子だったからであろう。この頼政とは以仁王の乱で挙兵した、通称「源三位入道《げんさんみにゅうどう》」であり、摂津源氏の嫡流の家柄で、清盛から三位に推挙されるなど平氏政権下でも重用されていた人物である。その頼政の許で養育され、自身は八条院の蔵人となり、その子仲光は近衛天皇の皇后九条院（藤原呈子《しめこ》）の判官代（家政機関の職員）となるなど、京都の公家社会に生き、やがて養父頼政とともに以仁王に与して挙兵することになる。

つまり大蔵合戦で討たれた義賢の嫡子は明らかに仲家であり、もし義平に命を狙われるとしたら、義仲の異母兄仲家であるはずだが、特に狙われた様子も、身を潜めている様子もない。前述のように『源平盛衰記』で源義平は、義賢遺児・駒王丸を必ず見つけ出して殺害するよう畠山重能に厳命し、重能・斎藤実盛らは武蔵の武士たちに見つからぬように木曾谷に隠して育てたというが、嫡子が平然と京都で成育していることからすれば、そうした状況は極めて不自然といえる。とすれば、木曾が人里離れた田舎で人目にあまりつかないから義仲がここで育ったのではなく、大吉祖荘の荘官で信濃国の有力者でもあった養父中原兼遠の本拠地が木曾であったからというのが実際のところだろう。

木曾義仲の挙兵と市原の合戦

『平家物語』では、源頼政が密かに以仁王の御所を訪ね、平氏打倒を持ちかけたというが、その際、国々の源氏等が味方につくはずとし、信濃では岡田冠者親義・同太郎重義・平賀冠者盛義・同太郎義信・大内太郎惟義・帯刀先生《たてわきせんじょう》義賢の子木曾冠者義仲と列挙されている。岡田・平賀はいずれも甲斐源氏などと同じ河内源氏の義光流である。義光は頼義の子で義家の弟にあたり、常陸国司となり東国各地に地盤を築いたが、信濃の筑摩郡岡田郷（松本市）・佐久郡平賀郷（佐久市）には息子らが入り、それぞれ岡田氏・平賀氏というように名字の地としている。

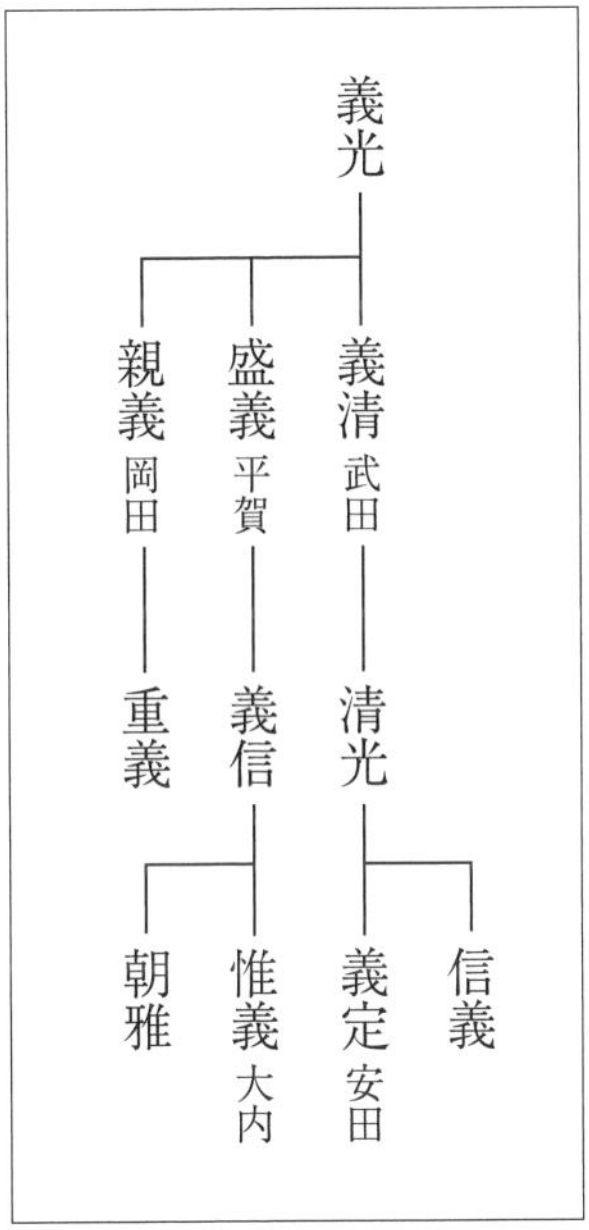

河内源氏義光流略系図

　岡田・平賀に令旨が届けられたのか否かは不明であるが、平賀義信・惟義は源頼朝に信頼されて、鎌倉幕府では源氏一門の家柄として重用される。

平氏追討を命じる治承四年四月九日付の以仁王の令旨は、木曾義仲の叔父源行家により東国諸国の源氏にもたらされた。『吾妻鏡』によると、四月二十七日に頼朝がいた伊豆北条館へ届けられ、引き続き甲斐・信濃へ向かったという。

義仲の挙兵は、この令旨を受け取ったであろう五月頃から一呼吸おいた八月頃であり、『吾妻鏡』同年九月七日条によると、義仲は頼朝の挙兵を聞き、これに参じるために出陣したところ、平氏の方人である笠原頼直がその挙兵を知り急襲しようとした。これをうけて、義仲の味方であった村山義直《むらかみよしなお》・栗田寺別当範覚《くりたでらべっとうはんかく》らとの間で信濃国市《いち》原《はら》にて合戦となり、劣勢に陥った村山・範覚軍が急遽、義仲に救援を求め、それに応えた

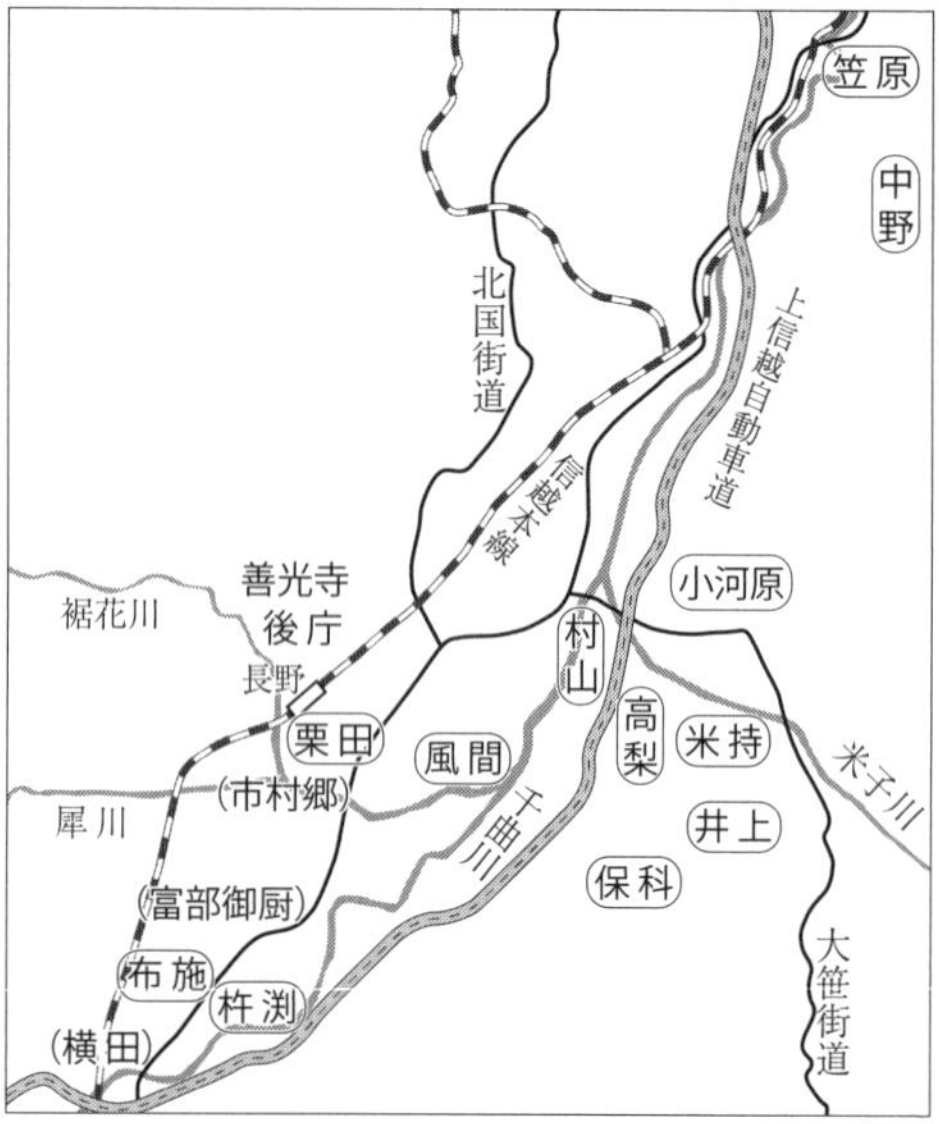

善光寺平付近 市原の合戦関係図

義仲が加勢すると、笠原は越後平氏の城氏《じょうし》を頼って逃亡したという。
『吾妻鏡』は鎌倉時代中期に編纂された鎌倉幕府側の記録であるので、挙兵段階から義仲が頼朝に従属していたかのごとき書きようは、あまり信用できない。また、義仲の挙兵に対応したはずの笠原が、村山・栗田等と市原で合戦し、それに義仲が加勢に向かい、笠原を越後に追うという筋書もいささか疑問だ。

笠原は高井郡の笠原牧（中野市）を本拠とし、村山は高井郡の村山（須坂市）、栗田は水内郡の栗田（長野市）と、長野市以北に各々程近く拠点を構えている人々である。市原の合戦は、この北信濃地域での紛争に義仲が介入してゆくかたちである。

源頼朝木像（甲斐善光寺蔵）

すなわち、村山などの援護要請があって初めて義仲が介入していることからすれば、笠原が平氏の恩に報いて義仲を討つと称して挙兵したとしても、村山・栗田は義仲を守るため挙兵したというよりは、本来、近隣する領主たち相互の何らかの矛盾が存在し、それが義仲の挙兵を契機に爆発したというのが正しいのではないか。

なお『吾妻鏡』では「市原」で合戦があったとするが、市原に比定されるような中世地名が見当たらないことから、「市村」の誤りではないかとされる。市村ならば、保元の乱に敗れて所領を没収された旧平正弘領のなかに「市村郷」がみえる（第一章参照）。同地は長野市内、犀川《さいかわ》のほとり栗田に南隣する場所であり、栗田が市原の合戦に参加していることを考えれば至極妥当だと考えられる。市村の「市」は市場に由来すると考えられており、国府の出張機関である後庁《ごちょう》・善光寺へ至る道の犀川の渡河点《とかてん》であり、政治的にも経済的にも極めて重要な場所にあたる。そうした点からしても市原の合戦の場所として市村郷は妥当だといえよう。

『源平盛衰記』の描く木曾義仲の挙兵

『吾妻鏡』は頼朝中心史観であるので、義仲の挙兵は、頼朝の挙兵に参加したかったができなかったと比較的あっさりと書き流しているが、『平家物語』の伝本の一つ『源平盛衰記』は独自で内容に富んだ挙兵譚《きょへいたん》を載せる。

すなわち、中原兼遠の許で成長した義仲は、ある時、その志を兼遠に打ち明ける。孤児であり頼るべきものも無い身で大それたことを言うようだが、一門の宿敵たる平氏を倒して世に出たいのだと。これを聞いた兼遠は微笑《ほほえ》んで、「今までお育て申し上げたのは他でもありません、そのためにございます。なに憚《はばか》ることがありましょうや」と即座に同意したという。兼遠の同意を得て挙兵した義仲の許には、たちまち千騎にも及ぶ兵が集まった。

義仲挙兵は、やがて平氏に聞こえるところとなったが、まだ本格的な挙兵ではなく、平氏と対決するには時期尚早であった。兼遠は平氏に京都へ呼び出されて尋問を受けると、義仲に謀叛の心の無いこと、また命令とあらば義仲の身柄を拘束することを申し出る。平氏の惣領平宗盛《むねもり》は、それが本当ならば起請文《きしょうもん》を書いて提出せよと命じる。

起請文とは、神仏に嘘偽りのない旨の誓《ちか》いを立てて約束を取り交わす文書のことで、もしその約束を違えた場合には、天罰を下してくださいといった文言が書き添えてある。すでに平氏への謀叛を心に決めていた兼遠は、嘘の起請文を書くわけにもいかず、また書かなければ平氏に疑われることになる。進退に窮した兼遠は、強制されて書いた起請文ならば、神仏も許してくれるだろうと考えて起請文を書いて進上した。

起請文を捧げたことで平氏も信用して下向を許したが、もちろん兼遠の心は謀叛で決していた。しかし一旦は偽りの起請であることを神は悟ってくれるだろうと起請文を書いたが、やはりその誓いに背くことを恐れ、信濃国の住人根井《ねのい》（滋野《しげの》）行親《ゆきちか》を招き、木曾義仲を預けて挙兵を託した。起請に背かないための窮余の策である。行親が当国隣国の兵を誘うと、義仲の父義賢の縁故もあり、上野国の足利一族などが木曾の山下に集結したという。

兼遠が平氏に謀叛の心無しとの起請文を捧げたため、根井行親に挙兵を託したというが、根井が主体となって挙兵するなら、その根拠である佐久郡根井か、根井が滋野一族であることからして、滋野一族の基盤とする佐久地方で挙兵するのが適当だろう。上野の足利や、北信濃の村山・栗田までもが挙兵に与同《よどう》したとなれば、信濃南端の木曾ではいかにも地理的に不便であり、実際、治承四年（一一八〇）の横田河原の合戦での義仲軍の出陣は、覚一《かくいち》本《ぼん》『平家物語』では依田城（小県郡丸子町）、『源平盛衰記』では白鳥河原（同郡東部町）という東信濃の滋野一族の拠点に近い千曲川沿いの場所からとされる。

当初の挙兵は木曾であっても、木曾が拠点となったのではなく、信濃国の中心に近い東信濃が拠点に選ばれたものと思われる。

甲斐源氏の挙兵

治承四年八月、頼朝は伊豆に挙兵し、木曾義仲はその後まもなく挙兵している。これとほぼ時を同じくして、甲斐では武田氏が挙兵している。

甲斐源氏は前九年《ぜんくねん》の役《えき》で活躍した源頼義の子、八幡太郎こと源義家《よしいえ》の弟である義光《よしみつ》、通称新羅三郎の子孫を称する一族である。義光の子、義清《よしきよ》が甲斐に配流され、それを契機と

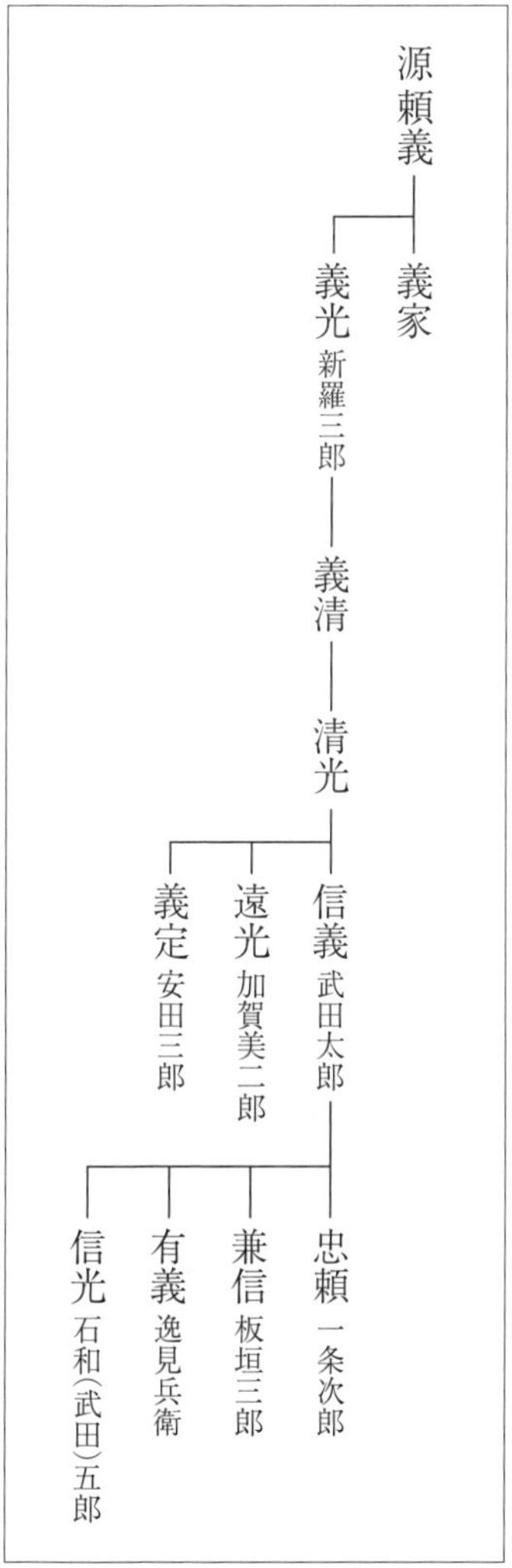

甲斐源氏略系図

して甲府盆地を中心に一族を蟠踞《ばんきょ》させた。

彼等の許にも以仁王の令旨がもたらされ、反平氏の兵を挙げている。一条忠頼《いちじょうただより》・安田義定《やすだよしさだ》といった面々が、源平内乱で一族を主導しており、彼等は挙兵の後、後述するように信濃伊那郡へ進攻し、甲斐に帰還した後は、駿河目代を中心とする平氏先鋒軍を迎撃し、富士川の合戦では頼朝軍と共同して平氏軍を駆逐する。さらに頼朝軍に先んじて義仲軍とともに上洛を果たした。

これら一連の軍事行動は、『吾妻鏡』では源氏棟梁家の嫡子たる頼朝の命によるがごとくに描かれているが、それはかなり無理がある。頼朝は伊豆での挙兵には成功するが、その後の石橋山の合戦では大敗して安房へ逃れる。頼朝が苦戦している間、甲斐源氏は駿河目代軍を散々に討ち散らすなど、軍事的に大きな成功を収めていたのであり、それが敗走中の頼朝に従属していたとは考え難い。甲斐源氏が頼朝に従属するようになるのは、木曾義仲を討って上洛を果たし、一ノ谷の合戦で平氏に勝利した後のこととされており、少なくともそれ以前、つまり元暦元年（一一八四）以前は、甲斐源氏は頼朝からは独立して活動していたと考えられる。

甲斐源氏の信濃進攻

諏訪下社秋宮 神楽殿
（大正7年頃・『官幣大社諏訪神社写真帳』より）

挙兵後、甲斐源氏が初めて行った軍事行動は、信濃への進攻であった。『吾妻鏡』治承四年九月十日条によると、甲斐源氏の武田信義・一条忠頼以下は、頼朝の石橋山の合戦のことを聞き、駿河に進出しようとした。ところが、信濃に平氏の方人がいると聞き、まずそれを退けることとし、諏訪上宮庵沢の辺りに宿営した。

この庵沢は茅野市宮川の「いもり沢」とされるが、夜更けに若い女性が一人、一条忠頼の宿を訪ね、申し上げることがあるという。忠頼は不審に思いながらも奥へ招き入れてこれに謁した。女が申すには、自分は諏訪（上）社大祝《おおほうり》諏訪敦《あつ》（篤）光《みつ》の妻であり、夫の使いとして参上した。敦光が源氏の勝利を祈って社頭《しゃとう》に参籠《さんろう》し、三日が過ぎたところ、梶《かじ》の葉紋《はもん》の直垂《ひたたれ》を着て、芦毛の馬に乗った勇者が一騎、源氏の味方と称して西を目指して鞭を揚げる夢をみた。梶の葉紋は諏訪社の神紋であり、諏訪大明神に違いないと判断した敦光は、自身はそのまま社頭に留まり、妻を遣わしたのだという。

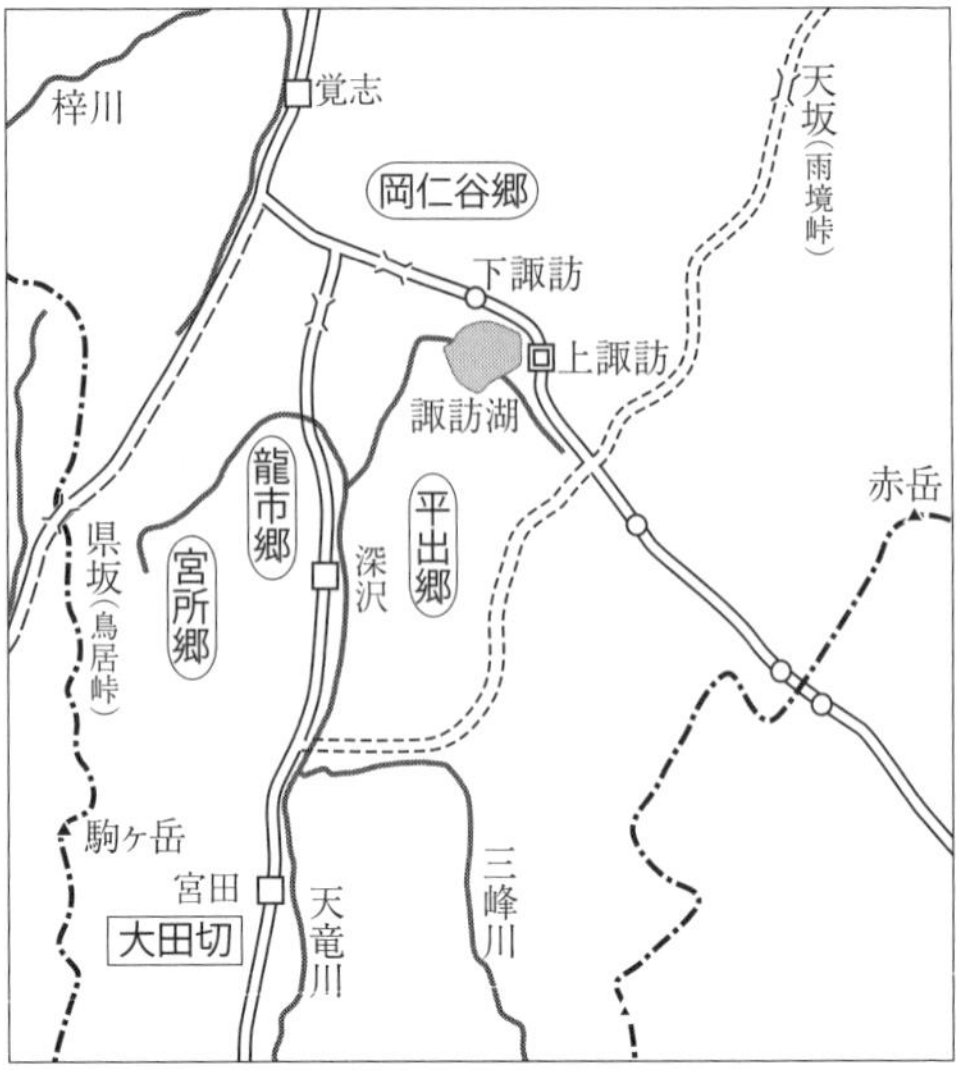

一条忠頼寄進地図

神宝の祀られた殿舎に籠もり、神前で夜通し祈禱を行うのは、参籠起請《さんろうきしょう》といって最も効果のある祈願の方法と考えられていた。眠気をこらえて一心に祈願し続け、深夜、うとうとしかけた時、忽然《こつぜん》と神が現われてお告げを下す、これが参籠起請により神の啓示を授かる場合の常套《じょうとう》である。よってこの場合も例に漏れずではあるが、さらに啓示を受けた神官が、わざわざ女性を使者に立てたというもの、「巫女《みこ》によるお告げ」という意味をもたせていると考えられる。

このお告げに奮い立った忠頼は、翌日、野剣《のつるぎ》一腰・腹巻一領を敦光の妻に与えて出陣すると、思うように平氏の方人菅冠者の伊那郡大田切郷の城を陥落させ、冠者を自害に追いやった。この勝利は諏訪大明神のおかげと、所領を寄進することにし、上宮には信濃国平出郷・宮所郷、下宮には龍市郷（立野郷カ）を寄進することにしたが、その寄進状の執筆者は、どうしても下宮分として岡仁谷郷《おかやごう》（諏訪郡）を書き加えてしまう。岡仁谷郷の名を一同誰も知らなかったので、何度も書き直したが、やはり書き加えてしまう。ついにはその通りとしたが、古老に尋ねたところ岡仁谷郷は実在したという。つまり下宮の寄進地として岡仁谷郷を加えるように、というのは神意であったことが確かめられたのである。これは上宮と下宮で差をつけてはいけないという意味であったと、ようやく悟ったのだという。

初期の信濃内乱の本質

かなり神がかった逸話であるので、慎重な扱いが必要ではある。しかし興味深い内容を含んでいる。一つは、一条忠頼らが初め上宮に二郷、下宮に一郷を寄進しようとしたら、下宮にもう一郷追加するよう神意があったとするのは、この逸話が下宮よりの立場から生じたことを示す。郷道哲章は、庶子家《しょしけ》の下社神主家が惣領家から独立してゆくのが鎌倉時代中期だとする（郷道03）。よって上・下社とは平等であるという主張はこの頃に強くなった。『吾妻鏡』が編纂《へんさん》されるのも鎌倉時代中期以降のことであるので、上・下社の矛盾から、甲斐源氏の寄進の逸話《いつわ》が生まれた可能性が考えられる。

もう一つは、この甲斐源氏の菅冠者攻撃は、実は諏訪社側が主導したものではないかということである。合戦の場所である大田切は、中世には諏訪郡と伊那郡の境と認識されていた。南北朝期成立の『諏方大明神画詞《すわだいみょうじんえことば》』（『史料』五）には「伊那郡ト諏方郡トノ堺ニ大田切ト云所」とあり、また宝治《ほうじ》三年三月日諏訪信重解状《げじょう》も「大答（大田）切　伊那郡与外諏方郡堺」としている。そして大田切の城の菅冠者との合戦に勝利し、寄進した四郷は、いずれも伊那郡・諏訪郡の境に近く、大田切を郡境とすると諏訪郡に属する場所である。

この合戦の場所と寄進地からすれば、伊那・諏訪郡境付近で諏訪社と伊那郡勢力との間の境界紛争があり、内乱勃発を契機として甲斐源氏勢力が諏訪社に呼び込まれ、伊那郡勢力を駆逐《くちく》し、その結果として四郷の寄進というかたちで、諏訪社側の権益が認められ、郡境が設定されたのではないか。こう解釈すると、甲斐源氏が一見、関係の想定できない伊那郡へ進攻した理由が説明できるであろう。

このパターンは木曾義仲の挙兵でも同様である。挙兵した木曾・佐久郡とは距離を隔てた善光寺付近へ出陣しているが、それは初め笠原と村山・栗田という近隣勢力間で武力衝突があり、村山・栗田側の敗色が濃くなってから義仲へ加勢を要請したためである。つまり地域対立に義仲が呼び込まれる、あるいは介入するかたちであって、義仲の主体的な行動とは読めないのである。甲斐源氏の伊那郡進攻も、諏訪社と伊那郡勢力との地域対立への介入と理解すべきではないか。だからこそ『吾妻鏡』は、一条忠頼に「今思うに菅冠者滅亡は、明神の罰に預かるか」と、菅冠者の滅亡の理由を諏訪社による神罰《しんばつ》と認識させているのであろう。

武田信義・一条忠頼らはこの後まもなく諏訪を離れ、十四日には甲斐に戻り、十五日、甲斐国逸見山《へみやま》(北杜市)に宿している。義仲が市原の合戦の後、善光寺平に留まることがなかったように、甲斐源氏も速やかに本拠へ撤収しているのである。これもまた、この内乱当初の紛争が、地域内部のものであったことを示唆していよう。

そもそも、市原の合戦・大田切の合戦という、治承寿永の内乱の端緒《たんしょ》ともいうべき信濃での合戦は、木曾義仲・甲斐源氏による平氏政権の打倒といった、天下国家的な大きな目的をもって行われた合戦ではなかった。それはまた以仁王の令旨を受け取った五月から三ヶ月以上も経過した挙兵であることからも理解できよう。以仁王の令旨・反平氏といった国家的大義は、内乱勃発の引き金に過ぎず、その本質は、地方でふつふつと高まっていた地域の対立構造にあったとみるべきだろう。

そしてこの地域対立の背後に、平氏権力の諏訪・伊那郡への浸透を考えておく必要がある。そもそも諏訪社は、平清盛の弟頼盛領であったため、平氏の没落に伴い没官領として頼朝に給付されており、また大田切の南側の片切郷は平治の乱で、同郷名子の領主片切景重が義朝方で参戦したため、没官され平氏領となっていた(『吾妻鏡』元暦元年六月二十三日条)。大田切の菅冠者も平氏方人として甲斐源氏の攻撃を受けている。平氏権力の進出、親平氏勢力・反平氏勢力の形成、甲斐源氏の進攻といった事態は、思うように関連性を見極めることは難しいものの、相互に作用しつつ鎌倉時代の新たな秩序体系の形成につながっていったものと考えられる。

木曾義仲、上野国多胡へ入る

九月七日、市原の合戦で村山・栗田に援軍を乞われて出陣し、平氏方人の笠原頼直を越後に退けた木曾義仲は、『吾妻鏡』十月十三日条によると、信濃を出て上野へ入ったとされる。住人等はこれを歓迎したというが、それは足利俊綱《あしかがとしつな》が民間を煩《わずら》わしていたからのようで、義仲はその恐怖から解放したという。足利俊綱は、下野国足利荘を本拠とする平氏の有力家人で、その子忠綱《ただつな》は宇治川の合戦で武名をあげ、その恩賞として上野介《こうずけのすけ》を希望している。藤姓《とうせい》足利氏は、平将門を征した秀郷流《ひでさとりゅう》の末裔で、下野国足利荘・上野国淵名荘《ふちなのしょう》など東山道沿いに勢力を拡張させ、平氏政権に近づいて政治的にも地盤を強化しつつあったといえる。

この東山道を上野から信濃へ入ったところが佐久郡・小県郡という木曾義仲与党の中心地となる。東山道を軸として、平氏政権を後ろ盾に下野・上野で勢力を拡大しつつあった藤姓足利氏と、国境を挟んで対峙《たいじ》することになった佐久・小県郡の滋野氏・佐久源氏といった勢力との対立の結果が木曾義仲の上野国進出であったものと考えられる。

この後、十二月二十四日には信濃へ帰ったことが『吾妻鏡』に記されている。その際、上野国多胡荘《たごのしょう》は父義賢の故地《こち》であるので入部したが、関東での頼朝の威勢をみて信濃へ帰還することにしたという。義仲の父義賢は、当初は京都にあって左大臣藤原頼長に仕えるなど活動していたが、やがて兄義朝が上総・相模の基盤を固め、父為義に離反して鳥羽院に接近すると、これに対抗して仁平《にんぺい》三年（一一五三）ごろから上野国多胡郡に居住して、武蔵国の秩父《ちちぶ》重隆《しげたか》の婿となるなど勢力を伸ばし始めた。その結果、義朝の子義平との対立が深まり、久寿二年（一一五五）八月十六日、武蔵国比企《ひき》郡大倉館で義平の攻撃を受けて討死した。

父義賢の遺跡とはこの多胡居住時代の人脈であり、これによって挙兵の際にも上野国の足利一族がいち早く、挙兵に応じている。この足利一族は、横田河原の合戦で義仲方に参じた上野国那波《なわ》郡《ぐん》の那波太郎広澄《ひろずみ》や、備中《びっちゅう》水島の合戦で義仲軍の大将軍として出陣し討死している足利（矢田《やた》）義清《よしきよ》が該当しよう。さらに義仲に最後まで付き従っていた多胡家包《たごいえかね》（延慶本『平家物語』巻九）も、多胡郡を名字の地とする武士であろう。こうした上野の親《しん》義仲勢力が義仲の上野進出をもたらしたものと考えられる。

前述のように、『吾妻鏡』では、木曾義仲は、一旦は上野に入部したものの、関東での頼朝の威勢をみて信濃に引き返したという。これも鎌倉幕府側の解釈であり、上野への藤姓足利氏の進出を退けたこと、また父の遺跡多胡に進出したことで、一応の目的を果たしたとして本拠地へ戻ったのではなかろうか。市原の合戦で退けた笠原頼直が、越後の城氏を頼って再起を期していることは認識していたであろうし、北陸道を経由して上洛を果たすという結果をみても、義仲の関東への執着はさほどではなかったように思われる。

越後城氏と平氏政権

源頼朝は甲斐源氏等と連合し、治承四年（一一八〇）十月、富士川の合戦で戦わずして平氏の追討軍を敗走させた。これが治承寿永の内乱の大きな転機となる。予想だにしなかった「官軍」の敗北という現実が、平氏政権の方針を大きく変えることになった。平氏政権は、以仁王の乱直後に福原への遷都を強行しており、現在ではこれを清盛の積極策とみるのと、寺社の武装勢力からの避難という消極策とする両方の理解が示されている。ともかく富士川の合戦での敗北を受けて、新都福原京の建設をあきらめて京都へ還都し、南都の焼き討ち、園城寺攻撃、近江の反平氏勢力の鎮圧と、京都周辺の反乱分子を一掃し、畿内近国《きないきんごく》の惣官職《そうかんしき》を設けて宗盛がこれに就任するなど、総力戦体制の構築を試みる。強大化しつつある東国の頼朝・義仲等の反平氏勢力への総攻撃の準備といえる。

この平氏政権の地方反乱への新たな対処として、地方勢力による地方反乱の制圧という手段が模索された。平氏は畿内近国の反平氏勢力の鎮圧に力を注ぐ一方、地方については、夷《い》をもって夷を征すといった、地方勢力に飴をばらまいて地方反乱勢力を攻撃させる計略を試みる。すなわち奥州藤原氏をもって頼朝勢力を、越後城氏をもって義仲勢力を追討する方針である。奥州藤原氏は結局、こうした誘いにのって軍勢を動かすことはなかったが、城氏は越後・信濃・陸奥・上野の兵力を動員して信濃に進攻し、千曲川氾濫原《はんらんげん》の横田河原《よこたがわら》で義仲勢力と合戦をとげることになる。これが横田河原の合戦である。

『玉葉』治承四年十二月三日条によると、越後の城助《すけ》(資)永《なが》が平氏の誘いに応じ、甲斐・信濃の反乱軍は、他人を交えず、一身にて攻め落とすと申し出たとされ、実際、同十二日には深雪により引き返すことになるが出陣もしたという。翌年になると、助永の死去によりその弟助《すけ》(資)職《もと》に追討が引き継がれ、さらに四月、信濃国の住人笠原(平)頼直が勘解由判官《かげゆほうがん》に推挙されている(『吉記《きっき》』四月十日条)。彼は市原の合戦後、城氏の許へ逃げていた人物なので、これもまた城氏勢力による信濃・甲斐勢力追討のための政略といえよう。平氏政権の全面的なバックアップを受けて、また期待されての信濃進攻であった。

京都側からみた横田河原の合戦

この合戦の日程については諸説ある。最も信頼性が高いとされているのが、京都の公家で当時右大臣《うだいじん》であった九条兼実《くじょうかねざね》の日記『玉葉』養和《ようわ》元年（治承五年）七月一日条にみえる六月十三・十四両日説である。兼実にもたらされたこの情報は、越後の知行国主であった藤原光隆《みつたか》から兼実家司の藤原光長《みつなが》が、院御所で聞いたこととされ、その情報源もしっかりしており確実性が高い。

この他、『源平盛衰記』では六月二十五日、長門本《ながとぼん》『平家物語』では二月二十五日、『吾妻鏡』では翌寿永元年十月九日、覚一本『平家物語』では同年九月九日と、かなりまちまちであり、これだけをみてもこの合戦の確実な情報が少なかったことが理解されよう。

前述のように兼実は、ある程度、信頼性の高い情報を得ていた。それによると、越後国の勇士が六月十三日・十四日の両日にかけて信濃国を追討するために同国へ進軍した。この勇士とは、城太郎助（資）永の弟助《すけ》（資）職《もと》のことで、越後の人々は白川御館《しらかわのみたち》と呼び、またその進軍は故平清盛の命だという。入国当初は抵抗も少なく、降参人も多かった。わずかに城に籠もって抵抗するものもあったが、たやすく攻略した。このため勝ちに乗じて周辺の城などを攻略していたところ、信濃の源氏が、「キソ党」「サコ党」「甲斐国武田之党」の三手に分かれて突如として襲撃してきた。険しい道を進軍して疲れた兵士たちは、一矢も射ることなく散々に壊走し、大将軍城助職は二三ヶ所の疵《きず》を受け、甲冑《かっちゅう》を脱ぎ、弓箭《きゅうせん》を棄てて、一万余騎で攻め込んできたのが、わずか三百余人ばかりになって本国へ逃げ落ちた。残る九千余人は、討たれたり、険しい崖へ身を投げたり、山林へ身を隠したり、およそ再起不可能の状態となったという。

この『玉葉』の記述では、追討軍の大将は越後の白川御館と呼ばれた城助職で、一万騎余の軍勢で六月十三日から十四日にかけて信濃に進攻したこと、その当初は優勢であったが、キソ党・サコ党・甲斐国武田党の奇襲により散々に打ち負けて越後に敗走したことがわかる。義仲側のキソ党は木曾党、サコ党は佐久党と理解されているが、信濃・甲斐の連合多国軍で迎え撃ったということになろう。この点、後述するように、さらに『平家物語』

では上野の勢力も加わっており、また城軍には陸奥・上野といった広範囲から兵力が集結しているようで、多国軍同士の大規模な戦闘であったことがうかがえる。

信濃側からみる横田河原の合戦

『玉葉』の記述は、信頼性は高いが具体性に欠ける。ことに官軍＝城氏軍側の視点からの説明であるので、義仲軍の攻撃は、三方からの奇襲でたちまち敗北したとあるのみで、個人名は義仲さえも出てこない。こうした官軍・京都側からの視点に対して、『平家物語』『源平盛衰記』は義仲側からの視点で描かれている。

ただし同じ『平家物語』でも、諸本で大きな異同がある。『平家物語』は大きく分けて、語《かた》り本《ぼん》系と読《よ》み本《ほん》系とがある。語り本とは琵琶による弾き語り用に編纂されたといわれる伝本《でんぽん》の系統で、室町時代に琵琶法師の覚一がまとめた覚一本『平家物語』が代表的であり、いわゆる流布本や版本もこの語り本系である。これに対して読み本系とは、弾き語り用に整理されたかたちではなく、多様な素材がそのまま取り込まれたまま写されてきた伝本で、増補本なども呼ばれる。『源平盛衰記』なども読み本系の一種であり、代表的な伝本としては延慶本『平家物語』・長門本『平家物語』などがある。

およそ語り本系が簡略、読み本系が詳細で、語り本系は読み物として筋が整理されていて分かり易く、読み本はやや雑多に伝承などが取り入れられているため、筋に齟齬《そご》があったりするが、内容は充実しているといった特徴がある。こうした大きな枠組み以外でも、伝本個々に内容はまちまちで、一概に『平家物語』ではこうこうである、といった記述が難しく悩ましい。横田河原の合戦についても覚一本『平家物語』はいたって簡素で、読み本は多くの逸話を補入している。

覚一本『平家物語』では、九月二日、城長茂《じょうながもち》が、木曾義仲追討のため越後・出羽《でわ》・会津四郡の兵四万騎を率いて信濃へ発向し、九日に信濃国横田河原に布陣した。木曾義仲は小県郡の依田城にいたが、これを聞いて三千騎で出陣する。ここで井上光盛《みつもり》の計略で、三千余騎を七手に分け、赤旗を指しつつ方々から城軍に近づいた。城軍は味方と思って安心していたところ、さっと源氏の白旗に指し替えて襲い掛かったので、城軍は色を失い、あわてふためいて越後に敗走したとする。

義仲軍の兵として名前がみえるのは、覚一本では井上光盛のみであるが、読み本系では

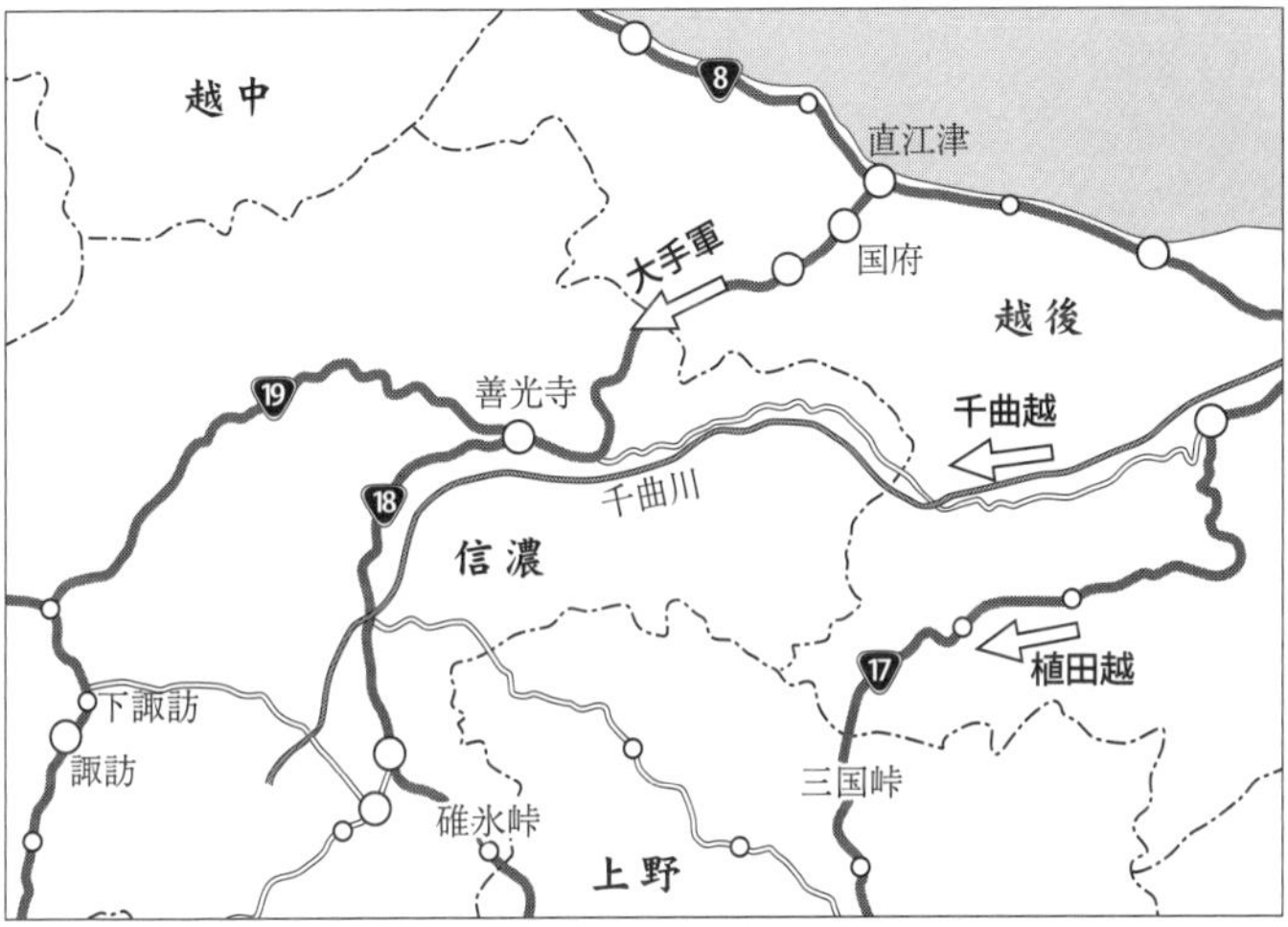

城勢力進軍図

多数の武将が名を連ね、きらびやかな活躍が描かれる。延慶本では日程は明らかにしていないものの、六月二十日の興福寺金堂《こんどう》の造立始《ぞうりゅうはじめ》の記事と、七月十四日の改元記事の間に置かれているので、六月末から七月上旬の出来事という認識はあるのだろう。それにしても、正確な日程が記されていないというのは、記事の性質を暗示していよう。

城長茂は越後・出羽などからかき集めた六万余騎にて信濃へ進攻してきた。長茂は、六万余騎を三手に分け、千曲越《ちくまごえ》には浜小平《はまのこへい》太《た》を大将とし一万余騎、植田《うえた》（魚沼郡殖田）越には津張庄司宗親を大将として一万余騎、そして本隊の大手軍は自身が大将として四万余騎を引率して越後国府経由で信濃を目指す。大手軍は越後国府のあった上越市から、近世北国街道ルートで熊坂峠《くまさかとうげ》を越えて千曲川のほとり横田河原に着陣する。

対する義仲軍は、城軍の信濃進攻を聞いて信濃・上野の兵を募り、白鳥河原《しらとりかわら》（東部町）で陣立てしたが二千騎程に過ぎなかった。それでも千曲川をさっと渡すと、対岸に陣取っていた城軍を南から北、北から南へと駆け破った。

縦横に駆け破られ不安になった城長茂が、笠原頼真（直ヵ）を招くと、頼真は五三歳になるまで大小の合戦を二六度も経験してきたが、一度も不覚をとったことはないと返答して、一〇〇騎をもって上野国高山党三〇〇騎に戦いを挑み、五四騎を失いながら、敵を五〇騎に減らすまでに追い詰めてみせた。

高山党の劣勢をみて、上野国佐位郡《さいぐん》の佐位荘の佐井七郎弘資が五〇騎ばかりで千曲川を押し渡って攻めかかってきた。対する城方からは、富部三郎家俊が一三騎ばかりで進み出る。富部が少勢であったためか、佐井弘資は「あたわぬ敵（とるに足らぬ敵）」だと見下して、よいか聞かせてやろうとばかりに、「私は承平の乱で平将門を討った俵藤太秀郷《たわらとうたひでさと》の末葉で佐井弘資なり」と名乗りをあげた。富部家俊は「あなたは機会があれば、自分の家柄を誇りたいお方らしい」と少々あきれた風であったが、ではお聞かせしましょうと名乗り返す。

「鳥羽院北面の武士平正弘の嫡子家弘は、保元の合戦に崇徳院方について合戦し奥州にながされた。その子が夫瀬（布施）家光、その子が私家俊である。武家の家柄として申し分あるまい」と言うや一三騎で、五〇騎の中へ駆け入った。

双方、激しく戦ったが、富部は笠原の手に属して戦って疲弊し、手傷も多く負っていたためついには討ち取られてしまう。ここに駆けつけたのが富部の家人杵淵小源太重光《きねぶちこげんたしげみつ》である。杵淵は讒言《ざんげん》により主人富部に勘当されていたが、合戦と聞いて駆けつけてきたという。佐井弘資は既に富部を討ち取った後で疲労しており、ここで新手とは戦うのは無理と判断して味方の陣へとって返した。

杵淵は剛の者で、あっという間に追いつくと、どうと落とし取り押さえて首を掻《か》いた。その首と主人の首とを並べ置き、「今、参上しました。讒言で勘当はされましたが、いつか疑いが晴れるものと信じていましたのに、残念な限りです。自分が御供しておりましたら、御前にて討たれましたのに、死に遅れたのは残念です。殿の敵《かたき》は私が討ちました。安心して三途《さんず》の川をお渡りください」と涙する。そして左手に首、右手に太刀を持って馬に打ち乗ると、「敵も味方も聞くがよい、富部の郎党杵淵重光が主人の仇、佐井弘資を討ち捕ったぞ」と叫んだ。すると佐井の家人三〇騎が攻めかかり、今はこれまでと自害して果てた。

杵淵の死に様を見たものは皆、惜しい人物であったと嘆いたという。

この富部家俊と佐井弘資、及び杵淵重光の三つ巴の戦い、そして重光の主人への忠節と勇ましい最期が、延慶本『平家物語』最大の見せ場である。この場面が大きく取り上げられている理由の一つは、富部・杵淵が横田河原と関係の深い人々だからであろう。

富部家俊は横田河原の北側の富部御厨《とべのみくりや》を名字の地とし、その父家光は布施を称しているが、布施とは布施御厨《ふせのみくりや》のことであり、富部御厨に接していたと考えられる。そして杵淵重光の名字の地、杵淵郷は、富部御厨を貫通する戸部堰《とべぜき》の最下流部に位置する。伊勢平氏が布施・富部御厨を開発する際に戸部用水などを整備し、その結果、杵淵郷などは、その余流にあずかることになった。そうした開発事業を通じて、富部氏は杵淵氏を被官《ひかん》化していったものと考えられている（井原02）。

多勢でも徴兵で集めた狩武者中心の城軍と、寡勢《かせい》でも精鋭の義仲軍との戦いが拮抗《きっこう》するなか、勝負を決したのは須坂市井上を名字の地とする井上光盛の戦略であった。井上は義仲に、「大手はお任せします。搦《から》め手は私が承《うけたまわ》りましょう」と耳打ちすると、兵士らに合図しさっと平氏軍の赤旗をあげさせ、千曲川の端を北東に向かって進軍し、城軍の後ろへとまわりこんだ。城長茂は搦め手に派遣した津張（妻有）庄司家親の軍勢と思い、義仲の方へ軍を進めるように使者を遣わすが、一向に方向を転じる様子がない。やがて川を渡り、堀を越えたところで、赤旗を源氏の白旗に指し替えて突撃してきた。そこへ大手の義仲軍も総攻撃を仕掛けてきたので、城軍はこらえきれず越後に敗走することになった。

このように延慶本『平家物語』の横田河原の合戦では、笠原・富部・杵淵・井上といった北信濃の武士たちの活躍が多く描かれている。覚一本『平家物語』『吾妻鏡』あるいは、中央貴族の日記には残されていない情報は、地域に独自に伝承され、『平家物語』に採用されていったものと考えられる（金井80）。

義仲と頼朝との講和

延慶本『平家物語』では横田河原の合戦の後、北陸道七ヶ国の兵どもは皆義仲に従い、それらは都合五万騎に及んだ。そして、やがて襲来するであろう平氏の追討軍に備え、越《えち》前《ぜん》国に火打城《ひうちじょう》を築き、義仲は信濃に帰り横田城に居住したとする。

しかしそう速やかに義仲勢力が伸張したようでもない。この後、対平氏戦では倶利伽羅《くりから》峠の合戦までは目立った動きはない。その間、北陸道の反平氏勢力と平氏軍の衝突があるものの、義仲の配下がこれに関与した様子はみられない。この点から寿永二年（一一八三）の平氏の大追討軍の編成と北陸道進軍、そして越前・加賀《かが》国境付近での合戦、すなわち倶利伽羅峠・篠原の合戦までは、義仲が北陸道の反乱勢力を主導したということはないというのが通説である（浅香81）。

横田河原の合戦での義仲軍の勝利により、東国の勢力バランスは大きく変化した。平氏勢力の後退に伴い、今度は東国の反乱勢力相互の勢力争いという新たな火種が生まれてきたのである。頼朝勢力は富士川の合戦前後で、相模・武蔵・伊豆・安房・上総・下総を傘《さん》下《か》に入れ、そこに上野の新田、下野の足利、常陸《ひたち》の小山といった周辺地域の勢力を加え、常陸の佐竹氏を討って関東のほぼ全域を軍事的に制圧した。この頼朝勢力が最大の反乱勢力であるが、信濃・越後には木曾義仲、甲斐・駿河・遠江には甲斐源氏が独立的な支配力を樹立しており、それら相互の関係の確認が必要とされるようになったのである。

もちろん『吾妻鏡』では、頼朝の主導性が強調されるが、必ずしも現実はそうでなかったことは、頼朝軍より先に木曾義仲・甲斐源氏軍が上洛を果たし、頼朝軍は半年近く遅れて、義仲との対決を理由に上洛していることからも明らかであろう。

『平家物語』の読み本系の諸本によると、この三勢力の衝突を誘発したのは、以仁王の令旨をもたらした頼朝の叔父行家であった。行家は養和元年（治承五年・一一八一）三月、墨俣《すのまた》の合戦で平氏軍に敗れた後、頼朝の許にあったが、冷遇されたため木曾義仲を頼って信濃へ赴いていた。頼朝は義仲が行家にそそのかされて頼朝を討つ算段をするに違いないと考え、またちょうどその時に、武田信光が義仲を頼朝に讒言したこともあり、頼朝は義仲追討の兵を挙げたとされる。

この際の武田信光の動向は微妙で、『源平盛衰記』では、信光が最愛の娘の婿に木曾義仲の嫡子志水冠者義高《しみずかじゃよしたか》をと望んだところ、義仲は「侍女にするならばともかく、妻にするなど考えられない」と返答してきた。これに憤慨した信光が頼朝に、義仲は宗盛の婿になり、平氏と一体となって源氏を攻めるつもりらしいと讒言したという。婿取りの破談が実話か否かは不明だが、武田が木曾に接近しようとしていたことは、充分に想定し得るところであり、実際、横田河原の合戦には「武田之党」が義仲方として参陣しているし、義仲軍の上洛の際には、同時に一条忠頼ら甲斐源氏も上洛するなど、軍事的な連携を持っていたことは確かである。その武田が一旦は義仲との連携強化を試みて失敗した結果、頼朝への讒言・義仲攻撃へと転じたとすれば、信濃・甲斐・頼朝の三者の関係がいかに微妙なものであったかが知られよう。

甲斐源氏は、鎌倉幕府が確立してゆく過程で、武田信義・嫡子一条忠頼など多くが、頼朝の粛清《しゅくせい》により失脚・滅亡している。その中にあって、武田信光は小笠原長清とともに頼朝に近く、引き立てられた人物である。そうした点からすれば、甲斐源氏全体が頼朝方に与同して義仲攻撃に積極的に参じたのではなく、むしろ信光独自の行動かもしれない。甲斐源氏も一枚岩でなかったことが指摘されている。

頼朝軍の出陣は、『一代要記《いちだいようき》』『歴代皇記裏書《れきだいこうきうらがき》』『源平盛衰記』などによると、寿永二年(一一八三)三月頃という。『源平盛衰記』によると、頼朝・武田連合軍は臼井峠を越えて信濃に入った。義仲の側近の今井・樋口は、これを知り防戦を主張するが、義仲は源氏同士である頼朝と矛《ほこ》を交えることは無益とし、ひとまず越後国境へ兵を引くことにした。頼朝も追撃することなく軍を引き、武蔵国の月田川《つきたがわ》(都幾川)端の青鳥野《あおとりの》(埼玉県東村山市)に着陣し、天野遠景《あまのとおかげ》・岡崎義実《おかざきよしざね》を義仲に遣わして、行家を引き渡すか、または人質として義高を差し出さなければ軍を送ると通告した。

これを受けて義仲側では評議が行われ、小室《こむろ》(小諸)太郎《たろう》は義高を差し出して穏便に済ますことを主張し、今井兼平《いまいかねひら》は頼朝とはいずれ対決することになろうし、父義賢が頼朝の兄義平に討たれた遺恨もある、思い切って勝負すべきと主張した。今井は古参《こさん》、小室は新参《しんざん》であったため、義仲は有力な新参である小室の離反を恐れ、その意見を入れて頼朝と和議を結ぶこととしたという。

この一触即発の義仲と頼朝との緊張、あるいは頼朝軍の信濃入部については、軍記や後世の編纂物でしか確認はできない。しかし義高が頼朝の娘大姫《おおひめ》の婚約者で鎌倉にいたことは、『吾妻鏡』が再三言及するところであり事実なのだろう。義仲軍が北陸を経由して上洛するという経緯からして、関東・甲斐からの侵略の不安があっては、上洛は不可能であり、この義仲――頼朝間の婚姻契約のもつ政治的・軍事的意味は極めて大きかったはずである。

北陸宮と義仲上洛

頼朝との和議成立、これが義仲の北陸進攻への第一の要素であったが、もう一つ大きな要素は北陸宮《ほくりくのみや》の下向である。北陸宮は、以仁王の第一皇子、母は八条院の女房とされる。周知のように以仁王は平氏追討の令旨を諸国の源氏にもたらし、挙兵を促した後白河院の皇子であるが、王自身は挙兵後まもなく討死している。しかしその影響力は死してなお強烈で、頼朝はその令旨を関東支配の根拠とし、また京都では頼朝の許で生きているといった噂が幾度となく囁《ささや》かれている。

もとより以仁王と義仲は無縁ではなかった。義仲の異母兄仲家は源頼政の猶子となっていたが、頼政は以仁王の乱の首謀者ともいわれており、乱には当然、仲家も参加し宇治川の合戦で落命している。仲家と義仲とが触れ合う機会があったのかなかったのか、その辺は不明であるが、源頼政は、同じく孤児となった兄仲家を養育して世に出してくれた人物で、かつ兄自身も参加した以仁王の挙兵、それへの共感は人並み以上であったはずで、その義仲の許へ以仁王の遺児、北陸宮が逃れてくるのは、寿永元年(一一八二)八月頃のことである。

『玉葉』同年七月二十九日条では、平宗盛の年来の侍《さむらい》数人が、三条宮(以仁王)の皇子を連れて東国へ逃げた、あるいは讃岐前司藤原重季《さぬきぜんじふじわらのしげすえ》が北陸に向かったという伝聞が載せられている。翌月八日の記事では重季の使いが以仁王の若宮を具して越前国へ入ったとする。この重季は『源平盛衰記』によると、以仁王の乳母夫で、この宮一人を北国へ連れ出し、越中国宮崎《えっちゅうのくにみやざき》に御所を造り元服させたので、宮は「木曾が宮」、また後には北陸宮と称された。

この北陸宮の存在がいかに大きかったのかは、廃位《はいい》された安徳天皇の後継を選ぶ際に、木曾義仲が後鳥羽天皇を即位させようとする朝廷側の意向に強硬に反対し、北陸宮の即位を主張したことに表れている。後継の天皇には三人の名があげられ、くじ引きで決定することとなり、後鳥羽天皇が選出されたのであるが、この際、義仲は「まず北陸宮を以て第一の候補とされるべきだ。およそ今度の平氏追討の大功は北陸宮のお力によるのであり、それがどうして無視されるのであろうか」と、倶利伽羅峠・篠原の合戦で勝利し、平氏政権を瓦解《がかい》させた功績が北陸宮にあることを、朝廷へ正面から主張し、即位に介入しているのである。

こうした皇位継承への関与が、義仲の政治的な立場を動揺させ、失脚に至らしめる要因となる。この介入を最も不快に感じ、危機感を募らせたのは後白河院であった。これをきっかけとして院と義仲の関係は急速に冷え込み、院の挙兵、そして敗戦という未曾有《みぞう》の事態を招き、ひいては義仲の滅亡につながってゆくのである。

朝廷政治のなかで、天皇の選定は最も厳重な事案であり、それ故、皇位をめぐって幾多の戦乱・クーデターが引き起こされてきた。そうした極めてナイーブな問題であることを、義仲が理解していなかったとも思えない。むしろそこまで義仲は北陸宮の即位にこだわったということが重要だといえよう。

すなわち以仁王の遺児たる北陸宮を即位させることが、義仲勢力の軍事行動の大義名分《たいぎめいぶん》として掲げられてきたのであり、だから義仲は、わざわざ平氏追討を北陸宮の大功と主張している。つまり平氏追討の主体は北陸宮なのである。頼朝は以仁王の令旨を大義名分として坂東での軍事行動を遂行し、実力による実効支配を実現させていたが、木曾義仲は、遺児を天皇に推戴《すいたい》して政権を立ち上げるという構想を持っていた。それ故、頼朝より早期の上洛が実現し得たと考えられている（河内90）。

北陸大追討軍の編成と進軍

治承四年（一一八〇）八月以降、東国の源頼朝・木曾義仲をはじめ、鎮西・南海・四国など各地で、反乱が起きており、富士川の合戦で大敗した後、平氏政権は畿内近国の経営と謀叛鎮圧に力を注ぎ、積極的に大規模な追討軍を編成・派兵することはなかった。その要因のひとつには、養和の大飢饉《だいききん》の影響がある。養和元年（一一八一）から翌年にかけて旱魃《かんばつ》と水害により不作となった上、さらに内乱により地方の荘園・公領《こうりょう》からの年貢の上納が滞っていたことが、洛中の困窮に拍車をかけ、京中は死屍累々《ししるいるい》の惨憺《さんたん》たる有様と化した。

もちろん祈雨《きう》・止雨《しう》の祈禱と、寺社への奉幣《ほうへい》は散々行われたが、やはり地方の反乱を鎮圧し、地方からの食糧・物資の流入を図る必要があった。そのためには、大規模な追討軍の編成が必要であり、さらにそれは大量の兵粮米《ひょうろうまい》を必要とした。地方の反乱を鎮圧しなければ食糧がない、そのためには兵粮米が必要というジレンマに平氏政権は陥っていった。

そうしたジレンマを抱えつつ寿永二年（一一八三）四月、北陸追討使《ついとうし》が過去最大規模で派兵されることになった。公家の日記をもとに編纂されたという『百錬抄《ひゃくれんしょう》』は、四月十七日、平維盛《これもり》を総大将とする一〇万騎が出陣したとし、『玉葉』は二十三日前後にすべて出陣し終わったとする。大軍なので全軍が出陣するまでに七日間程も費やしたのであろう。

この追討軍について延慶本『平家物語』は、この派兵の目的は北陸道を鎮圧し、さらに東国へ攻め入って頼朝を追討することだとする。大将軍に平維盛（重盛の嫡子）、平通盛《みちもり》他一門の面々、侍大将に平盛俊《もりとし》・平盛綱《もりつな》など平氏の直属の家人、合わせて総勢三四〇余人に、前年の冬から動員をかけ、全国から集められるだけの兵員をかき集めて、一〇万余騎として出陣したとする。これだけの軍勢であれば向かうところ敵なしという雰囲気ではあったが、前述の兵粮米のジレンマは解決されぬまま残されていた。そのため大軍の派兵に要する兵粮は充分でなく、路次で手当たり次第、荘園の年貢、公領の正税官物《しょうぜいかんもつ》、寺社の神物《しんもつ》・寺物《じぶつ》を片端から兵粮として奪い取っていったという。さらには大津から比良《ひら》・塩津《しおつ》と琵琶湖湖岸の家々を追捕略奪したため、人々はみな山野へ逃れた。

結局、平氏政権は庶民を犠牲にして鎮圧を遂行する道を選んだのだ。この無計画な追討は、そのずさんさにより自壊し、この派兵の失敗は、義仲軍に上洛を許したばかりでなく、平氏政権自体の信頼・正当性を失墜させ、その没落を決定付けることになるのである。

倶利伽羅峠・篠原の合戦

総勢一〇万の北陸道追討軍は強力であり、若狭を抜け越前の火打城（福井県南条郡南越前町）に籠もる平泉寺斉明《へいせんじさいみょう》・稲津新介《いなづしんすけ》・林・富樫《とがし》といった越前の反乱軍五千余騎を一蹴した。引き続き進軍し、加賀から越中へ入ろうとした際の合戦が倶利伽羅峠・篠原の合戦ということになる。

覚一本『平家物語』では、五月八日、平氏軍は加賀篠原で陣立をし、大手七万余騎は越中の境である砺波山《となみやま》へ向かい、搦手《からめて》三万は能登・越中の境の志保山《しほやま》へ向かった。木曾義仲は越後国府にいたが、これを聞き五万余騎で出陣した。吉例《きちれい》として軍勢を七手に分け、平氏大手軍に対しては、大手義仲が一万余騎で砺波山の北へ布陣し、これに付属して仁科《にしな》・高梨《たかなし》・山田が七千余騎で北黒坂へ、南黒坂へは樋口兼光・落合兼行（樋口・今井の弟）の七千余騎、今井兼平は六千余騎で日埜宮林《ひのみやばやし》へ陣した。能登方面に向かった平氏搦手軍に対しては、一万騎で源行家があてられた。

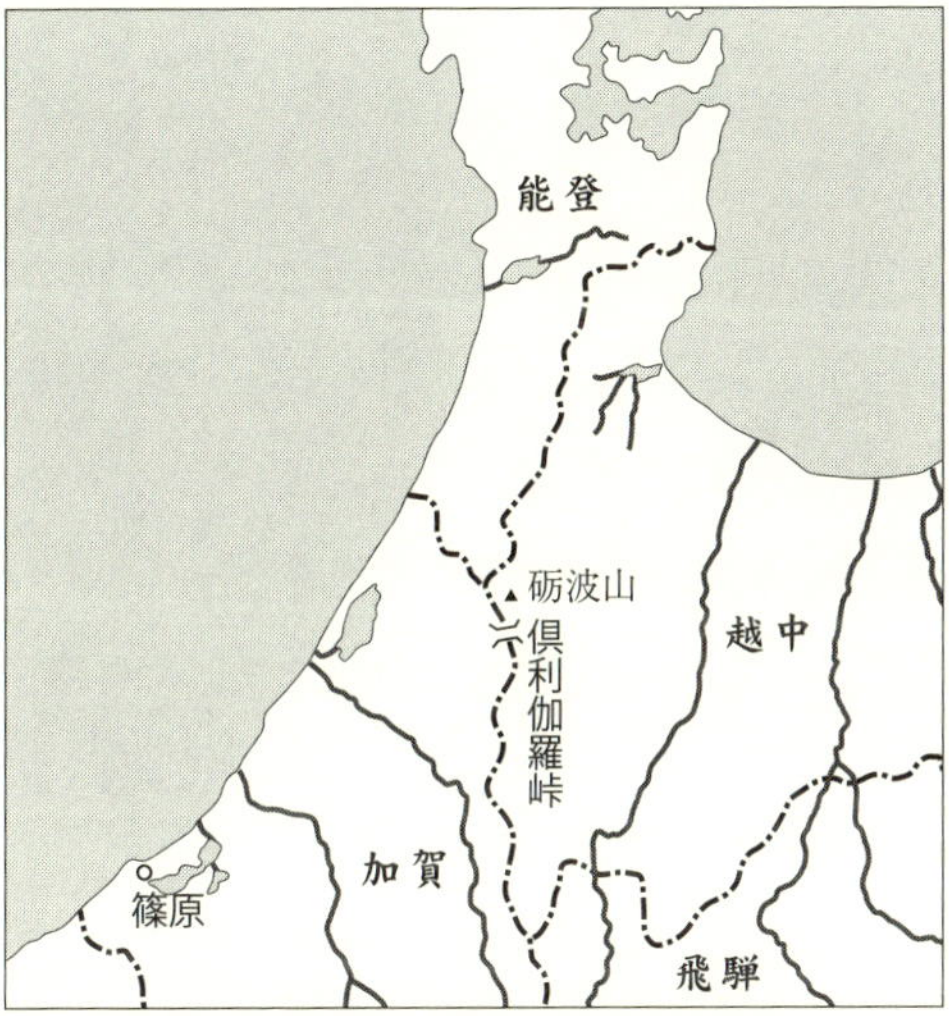

倶利伽羅峠・篠原の合戦 関係図

　五月十一日、平地での合戦を避けた両大手軍は、砺波山の峠である倶利伽羅峠で激突する。昼間は互角にわたりあったが、深夜に木曾の搦手軍が四方巌石《しほうがんせき》の険《けわ》しい地形をものともせず奇襲をしかけた

倶利伽羅小道（歴史国道「北陸道」の一部）

ために、平氏軍は総崩れとなり、七万騎が二千余騎になるほどの徹底的な敗北となった。引き続き砺波山を越えて加賀に入った義仲軍は、二十一日に砺波山の合戦に敗れ、体制を立て直そうとしていた篠原の平氏の陣へ襲い掛かり、長井（斎藤）実盛を討つなど大きな成果をあげ、平氏を追い返したという。

延慶本『平家物語』では、五月十一日、平氏の侍大将《さむらいたいしょう》平盛俊の別働先遣隊五千騎が砺波山を越えようとしたところ、守備にあたっていた今井兼平と合戦になり、数刻の合戦の後、盛俊軍は三千もの損害を出して加賀に引き返した。この後、しばらくあって本格的な戦闘は六月一日のこととなる。大手軍は七万で砺波山へ、搦手三万は志保へ向かう。平氏の大手軍は夜襲により壊滅し、翌日、義仲大手軍は、志保で苦戦する行家軍の援軍にまわり、その後、篠原へ転じて平氏軍を壊滅させたという。

これら『平家物語』の記述は、双方の日程で異同がみられるが、この点、公家の日記では『平家物語』ほど内容は詳細ではないものの、合戦の日程が確認できる。すなわち『玉葉』五月十六日条には、「去る十一日、官軍の前鋒勝に乗じて越中国に入る、木曾冠者義仲・十郎蔵人行家、及び他の源氏ら迎え戦い、官軍敗績、過半死におわんぬ」とあり、この際は平氏軍の先鋒が越中へ入ろうとして逆襲を受けたことがわかる。そして同六月四日条には「北陸官軍、ことごとく以て敗績す、今暁飛脚到来、官兵の妻子ら悲しみ泣くこと極まりなしと云々、この事去る一日と云々」とあるので、合戦は五月十一日と六月一日の二度にわたって行われていることになろう。

この六月一日の合戦について同五日条にはより詳しく一日の合戦に言及しているが、それによると官軍の「四万余騎の勢、甲冑を帯すの武士、僅か四五騎許り、その外過半死傷」という大惨敗であったらしい。五月十一日は先鋒が敗北しただけであったが、六月一日の十万の軍が総崩れになり、多くの被害を出すことになった。

五月十一日の合戦は越中国に入る時に義仲軍と遭遇《そうぐう》しているので、砺波山の倶利伽羅峠での合戦と考えられる。しかしこれは平氏軍の先鋒による小規模な合戦と考えられるので、『平家物語』諸本でいう七万騎が二千騎になるほどの大損害がでたとは考え難い。平氏の大追討軍を壊滅に追いやったのは六月一日の合戦であり、これが篠原の合戦にあたろう。『平家物語』諸本では、砺波山の倶利伽羅峠での敗北を大きくとりあげるが、実際、北陸追討軍を総崩れに至らしめた大規模な合戦は、六月一日の篠原の合戦ということになる。

もとより、峠道の険しい山岳地帯で一〇万を超す軍兵が、干戈《かんか》を交えるのは極めて困難で、前述の横田河原や、関ヶ原のような平坦で軍隊が布陣しやすい場所の方が、大軍同士の合戦地にふさわしい。平氏の追討軍は、一〇万余騎という大軍でありながら、兵粮は道々で略取《りゃくしゅ》しながら現地調達で進むという粗放《そほう》な作戦計画であった。このため五月十一日の越中国境での先鋒の敗北により前途を遮られると、たちまち行き詰まり、長期に篠原付近に大軍が足止めされて兵粮も欠乏し、戦意が落ちたところに、越中から義仲軍が襲来して崩壊した、そう考えるのが妥当であろう。

木曾義仲の上洛

寿永二年七月二十八日、木曾義仲は源行家を伴って入洛した。『玉葉』同日条によると、義仲は北から、行家は南から入京し、後白河院は蓮華王院《れんげおういん》御所にて彼等に謁見し、平氏追討を命じた。前日まで義仲・行家は賊軍《ぞくぐん》として追討される立場であったものが、一転して追討する立場になった。文字通り勝てば官軍である。しかし御所へ参入する際、両者は相並んで前後することはなかったといい、人々はそこに両者の勢力争いの萌芽《ほうが》をみた。絶頂の義仲であったが、すでにほころびが見え始めていたのである。

官軍となった木曾義仲の職務は大きくいって二つ、一つは平氏追討である。院は入洛した義仲らへすぐに追討の宣旨《せんじ》を与えたが、平氏を政権の座から引き下ろすだけでなく、滅亡に追い込むという院自身の強い意志によるものと考えてよいだろう。打倒平氏に執念を燃やしていたのは源氏だけでなく、幾度《いくど》となく幽閉《ゆうへい》されるなど辛酸《しんさん》をなめさせられてきた院も同じだったのである。

もう一つは京中の治安回復である。京都の治安維持は本来、検非違使庁《けびいしちょう》の担当であるが、この時代になると朝廷自体の力の低下とともに、源氏・平氏などの武家のてこ入れがないと、充分な機能を発揮できない状況にあった。ことに政権を担っていた平氏が西海に去り、頼朝勢力も上洛してこないのであり、義仲勢力が中心となって治安維持にあたる必要があったのである。

この二つの速やかなる実行が、新たな朝廷をささえる武力となった義仲勢力に求められていた。しかし義仲勢力は、このいずれも合格点には程遠いレベルでしか成果をあげられなかった。そのため、延慶本『平家物語』の表現するところでは「木曾義仲は都の守護にて有けるが、見目形清《みめかたちきよ》げにて吉男《よきおとこ》にてありけれども、立居の振舞の無骨さ、物なんど云たる詞つきの頑なさ、堅固の田舎人にて浅猿《あさまし》くおかしかりけり」などと、侮辱されるまでに嫌われてしまう。

平氏は都落ちしたとはいっても、京都に残っていた兵士らは義仲軍と戦うことなく都落ちしており無傷であった。ことに水軍力は優位を保っており、文治元年（元暦二年・一一八五）二月の屋島の合戦に際して熊野水軍・伊予水軍が源氏へ与するまでは、依然として平氏が制海権《せいかいけん》を握った状態にあった。それ故、後の源範頼《のりより》率いる鎌倉の平氏追討軍は、山陽道を難なく西進するものの、下関海峡を渡れずに右往左往して、いたずらに追討の終了を先延ばしすることになったのである。

水島の合戦とその後

平氏軍は一旦は鎮西《ちんぜい》に逃れるが、豊後《ぶんご》国の緒方《おがた》氏らに鎮西を追われ、平氏の有力家人である阿波民部成良《あわみんぶしげよし》の援助により、讃岐国屋島の御所に落ち着き再起を期していた。義仲が平氏を攻撃しようとすれば、どうしても瀬戸内海を押し渡って四国に渡るしかない。『玉葉』閏《うるう》十月十四日条には「平氏の兵強し、前陣の官軍（義仲軍）、多く以て敗れおわんぬ、よって播磨よりさらに義仲、備中に赴くのよし風聞《ふうぶん》す」とあるのみで、詳細は全く不明である。『百錬抄』同月一日条に「平氏と源氏と合戦す、源氏敗北」とあり、これにより水島の合戦が閏《うるう》十月一日と確認できる。

覚一本『平家物語』では、義仲は討手の大将に矢田（足利）判官代義清、侍大将に海野幸広を任じ、七千余騎で備中水島《みずしま》へ差し遣わし、そこから平氏の本拠、讃岐屋島をめざす。閏十月一日、水島沖に平氏の使いの船がやってくる。これを見た義仲軍は陸に干揚《ほしあげ》いた船五〇〇余艘で出陣。平氏軍は千余艘。海戦に長じた平氏軍は、千余艘を艫綱《ともづな》・舳綱《へづな》で、船の前後をつなぎ、その上に板を渡して並べて平らにして陣を作った。こうした戦術が効《こう》を奏《そう》したか、やがて侍大将の海野幸広は討死、大将軍矢田義清は、主従七人で小船に乗って戦っていたが、その船を沈めてしまう。勢いに乗じた平氏軍は、船から馬を引き出し、上陸させ義仲軍を蹴散《けち》らしたという。

延慶本『平家物語』は、合戦を「十月一日」とするが、『百錬抄』『平家物語』覚一本には閏十月とあり、こちらが正しいのであろう。また大将軍として矢田義清・海野幸広の両人を併記し、兵力は義仲軍が千余艘、平氏の船が五〇〇余艘と、覚一本とは逆に義仲軍を優勢と記す。

『源平盛衰記』は、平氏軍は屋島から三〇〇余艘で、源氏は水島に陣をとって千余艘とし、大手の大将軍に宇野（海野）幸広、搦手の大将軍に足利矢田判官代義清とし、他に仁科盛宗・高梨高直らをあげる。矢田義清は平盛嗣と太刀打ちの末、首を掻かれたとし、海野幸広は平氏の郎党藤原景家に討たれ、高梨高信をはじめとして一三人が強弓で有名な能登守教経《のとのかみのりつね》に射取られたという。

合戦の詳細は『平家物語』諸本でも随分違いがあるが、およそ義仲軍が敗北し、大きな犠牲を強いられたことは間違いない。『平家物語』諸本では、この敗戦の連絡を受けた義仲は、一万騎にて山陽道を下ってゆくが、行家が京都で院の側近に義仲を讒言していると、京都の留守を預かっていた樋口兼光から連絡をうけて馳せ帰ったという。

また『玉葉』によると、院に追討の遅延を叱責《しっせき》され、九月二十二日に慌てて出陣したという。義仲が出陣している間に、京都では、頼朝に東海・東山・北陸道の治安・秩序を回復せよと命じる、いわゆる十月宣旨が発給される。これに基盤である北陸道も含まれていたため、義仲は慌てて帰京し、院に猛烈に抗議した。

上洛後はどうも思いと現実がかみ合わず、周囲から見放されてゆく感のある義仲であるが、それは身から出た錆という部分もあった。『玉葉』寿永二年九月五日条での九条兼実の感想はそれを端的《たんてき》に表現している。すなわち「近日、京都では物取りが倍増しており、京中の万人は一切存命することができないような状態である。義仲は院の御領はじめ片端《かたはし》から押領し、それはどんどんひどくなってゆく。僧俗貴賤《そうぞくきせん》、すべての者が涙を拭っている。もはやたのみは頼朝の上洛ばかりだ……」。上洛からおよそ一ヶ月、義仲にかけられた平氏追討と治安の回復という期待が裏切られ、早々に義仲の支持は落ちていったのである。

法住寺合戦、義仲と後白河院の戦い

前述の十月宣旨を契機として義仲と頼朝の関係は、急速に破綻《はたん》に向かう。その様子は『玉葉』に詳しいが、発端《ほったん》は十月宣旨による頼朝の治安維持の担当地域に、義仲の基盤である北陸道を加えるか否かという部分での駆け引きであり、義仲は強硬にこれに異議を唱え、こうした内容の宣旨が発給されるとしたら「義仲生涯の遺恨《いこん》」であると院へ直訴した。さらには頼朝と和平し、頼朝の使節の入洛を許容せよとの院の指示に対しても、頼朝を引き上げて義仲を陥れようとする謀略であろうと入洛を拒否する。

この頼朝の使節の入洛を許可するしないで、しばらく院と義仲の押し問答があったが、十一月十八日、院は実質的な最後通告を下す。すなわち平氏を追討せよと再三命じたのに西国へ下向しない。また上洛する頼朝を攻めると言いながら出陣しない。院への謀叛の儀でなければすぐに出京せよというものであった。これに対し義仲は「君に立ち合い奉る」つもりは全くないと、従順な姿勢を示していたが、一転、翌日十九日には義仲による院御所の攻撃が行われるのである。

延慶本『平家物語』では、十九日、院が義仲追討を命じたと聞いた義仲は辰刻《たつのこく》に出陣する。義仲軍として仁科次郎盛家・高梨六郎高直・根井行親・楯六郎親忠（行親の子）・樋口次郎兼光・今井四郎兼平をはじめとして千余騎にて院御所法住寺殿へ殺到した。これらは皆、信濃以来の義仲配下の武士であり、信濃から北陸道を経由して入洛し、義仲の滅亡まで運命を共にする人々である。しかし信濃武士でも義仲と距離を置く人々の中には離反者もでてきているようで、覚一本『平家物語』では「信濃源氏村上の三郎判官代（基国）、是も木曾をそむいて法皇（後白河院）へまいりけり」とある。信濃の武士でさえ院方へ与しており、新参の畿内の兵士らはこぞって義仲に背《そむ》き院に参じたという。義仲勢力の斜陽は明らかであった。

『玉葉』によれば法住寺へ籠もる勢力は少なく、義仲軍は三手に分かれて攻め寄せた。未刻《ひつじのこく》に時の声があがって合戦が始まり、申刻《さるのこく》には官軍、すなわち院方の敗北が決し、院は身柄を拘束されて五条東洞院《ごじょうひがしのとういん》へ幽閉されたという。九条兼実は「夢か夢にあらざるか」と驚き、「漢家《かんけ》本朝《ほんちょう》、天下の乱逆その数ありと雖《いえど》も、いまだ今度のごとき乱あらず」と、この兵乱を嘆き、義仲は不徳の君を懲《こ》らしめたというが、その身の滅亡も近いだろうと予測している。

確かに義仲は院との武力抗争に勝利したが、政治的には完全なる失敗であった。この院への武力行使により、頼朝に上洛軍派遣の口実・大義名分を与えることになったのである。

宇治川の合戦

義仲は法住寺合戦に勝利し院を幽閉した後、政治面では摂関家の藤原基房《もとふさ》と連携し、その子師家《もろいえ》を摂政の座につけ、院近臣を大量解官《げかん》するなど独自の政権体制を模索するが、その権勢を長く維持することはできなかった。やがて後白河院の要請を受けた頼朝軍が大軍で上洛してくるのである。

義仲謀叛・後白河院幽閉という情報は、院北面の武士である大江公朝《おおえきんとも》・藤原時成《ときなり》によって頼朝に報じられ、頼朝は大手軍には源範頼、搦手軍には源義経という両兄弟を大将とする布陣で大軍を上洛させる。

木曾義仲は総力では頼朝軍に劣ることを自覚しており、そのため平氏と和平し、北陸道へ逃れて再起を期す戦略をたて、自身は征夷大将軍《せいいたいしょうぐん》、もしくは征東大将軍《せいとうたいしょうぐん》に補任され、頼朝軍上洛前に、後白河院を連れて下向する方針であったらしい。ところが、義仲は頼朝の大軍が接近したとの情報を確認できず、気付いた時には頼朝軍は近江勢多《おうみせた》に至っていた。つまり北陸道への退路が絶たれてしまっていたのである。

『吾妻鏡』では範頼軍が勢多より、義経軍が宇治より京を目指し、義仲は伯父の志太（田）義広と今井兼平を防御に派遣したという。覚一本『平家物語』では、大手軍の攻め口の勢多大橋へは今井兼平の八〇〇余騎、宇治橋へは仁科・高梨（忠直）・山田次郎ら五〇〇余騎、一口《いもあらい》には志太義広が遣わされ、鎌倉勢六万余騎に立ち向かったという。

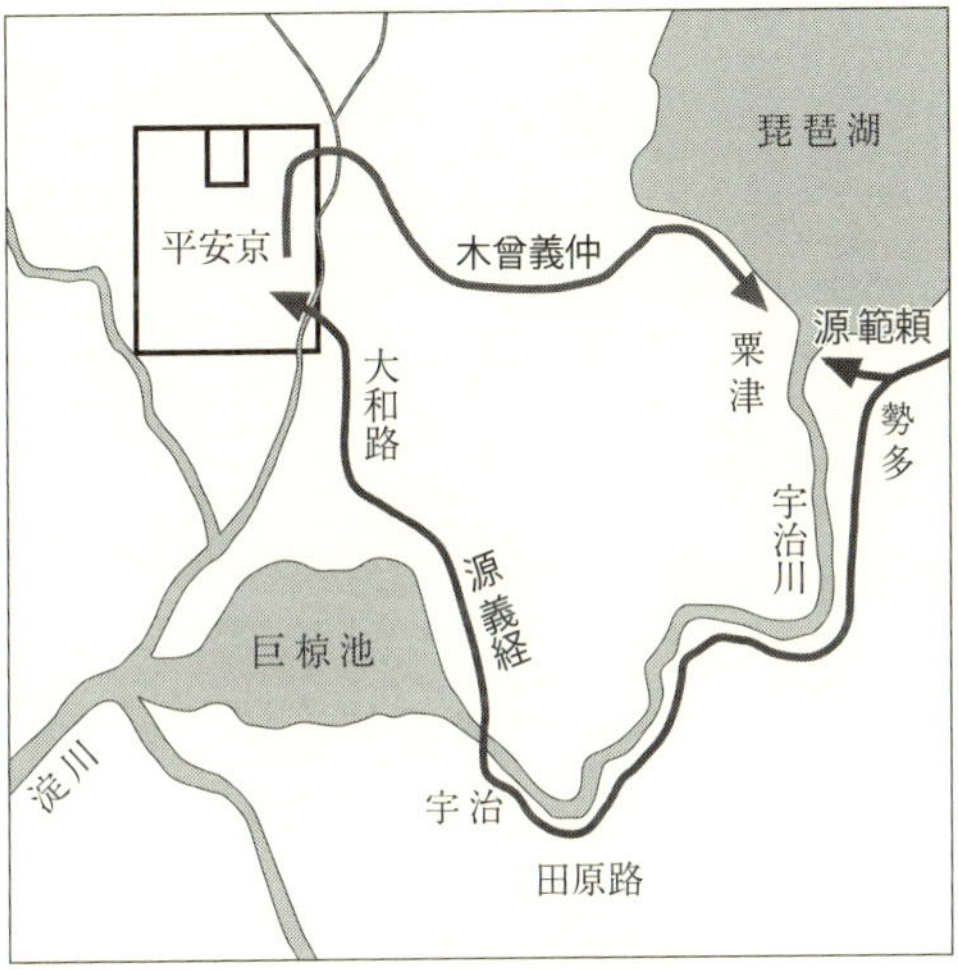

宇治・勢多の合戦 関係図

　また『玉葉』正月二十日条では、なまなましく早朝の攻撃を記録している。同日早朝、頼朝軍が突如として動き、大手範頼軍が近江勢多を攻め、搦手義経軍は田原路《たわらじ》を通って宇治を経て大和大路《やまとおおじ》を北上し、後白河院の幽閉されていた六条殿を急襲、身柄を確保した。合戦は四、五時間程で決着がついたようだ。

義仲と郎党との主従愛

義仲は、頼朝軍の行動がすばやかったため、六条殿に院を乗せる輿《こし》は寄せたものの、敵の接近を知って、身一つで近江へ逃れ、その日のうちに粟津で討たれた。義仲を討ったのは、三条実房《さんじょうさねふさ》の日記『愚昧記《ぐまいき》』によると「義経郎従字石田二郎《あざないしだじろう》」とあり、宇治から入洛した搦手義経軍の武士であったという。石田二郎は『吾妻鏡』『平家物語』では相模三浦一族の石田為久《ためひさ》だという。また『玉葉』正月二十日条によると、かねて「義仲の支度《したく》、京中を焼き払い、北陸道に落つ」という計画であったが「一家も焼かず、一人も損なわず、独身梟首《きょうしゅ》され」たという。

義仲の没落につき『玉葉』の著者の九条兼実は、「天の逆賊を罰す、宜《よろ》しきや」と極めて冷淡な感想を遺している。兼実は義仲の「天下執《と》り」を、平治の乱に敗れた藤原信頼に例えているが、さらに上級貴族でもなく、院に刃《やいば》を向け、武力で朝廷政治を我が物としようとした行為は評価されるはずはあるまい。しかし『平家物語』では、義仲に従った信濃武士たちの熱い主従愛がかなりの分量で記述されている。

宇治・勢多の守備が突破されたと聞いた義仲は、院へ最後の暇乞《いとまご》いに六条殿へ参じたが、頼朝軍が鴨川の河原まで攻め入ったと聞きとって返す。ところが六条高倉に見そめていた女性がおり、そこへ顔を出そうとする。その時、新参者の越後中太家光《えちごちゅうたいえみつ》という者が、「どうしてそのように悠長《ゆうちょう》なことを言っておいでか、敵はそこまで迫っておりますぞ」と進言したものの、義仲はなお出陣しようとしないので、「でしたら、私が先立ちまして、死出の山にてお待ちいたしましょう」と言って切腹して果てたという。

この家光は系譜未詳であるが、「中太」という名乗りからすれば中原姓であろう。中原姓といえば、義仲の養父兼遠は中原姓であり、養父の親族かとも思われるが、新参者ともあるので定かではない。

義仲は、この身を挺《てい》しての諫言《かんげん》に気持ちを取り直して出陣していったという。ただし、その勢は上野国の住人那波広澄を先頭に一〇〇騎ほどであった。宇治川の防御を突破した義経の搦手軍兵は続々と襲来し、やがて数万騎に達し、院御所も義経軍の手に落ちた。義仲はその大軍に攻め入って何度も討ち取られそうになったが、その度に駆け破って切り抜けた。それは「幼少竹馬《ちくば》の昔より、死なば一所で」という今井兼平との約束が心残りであったからで、今井の行方を知る前に、こんなところで討死するわけにはいかないとの想いからであった。

義仲と郎党、粟津で討たれる

わずかの少勢にて、雲霞《うんか》のような大勢を追い返しつつ、鴨川をざっと打ち渡し粟田口《あわたぐち》を通り、今井の行方を求めて勢多へ落ちていった。去年、信濃を出た時には五万余騎であったが、それがたった七騎ばかりになっての退去であった。

この七騎のうちに「いろしろく髪ながく、容顔《ようがん》まことにすぐれた」女性が含まれていた。強弓《ごうきゅう》の精兵《せいびょう》で、馬上でも徒歩立ちでも、太刀を持たせても鬼か神かというほどの手だれ、一騎当千の兵で、合戦の度に軍功をあげてきた。今回も多くの兵士が落ちゆき、討たれるなかで、その女性――ともゑ（巴）は最後の七騎に残った。

内(恩)田三郎 巴女と組み捻首せらるる図
(『木曾義仲勲功図会』・国文学研究資料館蔵)

巴は大津の打出浜まで義仲に同道し、今井兼平の三〇〇騎と合流した後、甲斐の一条忠頼六千余騎・相模の土肥実平《とひさねひら》二千余騎などと戦いつつ、さらにはまた五騎のみになった。ここに至って義仲もいよいよ最期と思い、巴に「おまえは女なのだから、どこへでもゆけ。自分はもう自害しようと思う。最後の戦に女性を連れていたとなれば、外聞が悪い」と言って落ちるよう命じた。巴はそれでも容易に従おうとはしなかったが、ついには「最後の働きをお目にかけましょう」と言って、武蔵国の恩田八郎師重《おんだはちろうもろしげ》という高名《こうみょう》の大力の武者が三〇騎ばかりで出てきたのを、馬を押し並べむずと引き落とし、自分の乗馬の鞍の前輪《まえわ》に押し付けて首をねじ切り取り捨て、鎧《よろい》を脱いで東国へ落ちていった。『源平盛衰記』は巴について最も詳細に言及しており、それによると後に鎌倉に召喚《しょうかん》され、和田義盛《わだよしもり》の妻となって朝比奈義秀《あさひなよしひで》をもうけ、一族が和田合戦で滅亡すると、越中国石黒に落ち延びて出家し、一族の菩提を弔《とむら》ったとする。また同書は巴について義仲を養育した中原兼遠の娘で、義仲の妾とする。他の『平家物語』諸本では、そうした記述はなく確認はできないが、この記述が唯一、戦士だけでなく女性としての一面に言及しているといえる。

今井兼平、主人に殉じる

巴と別れた義仲は、ついには今井兼平と主従二騎のみとなる。今井は、樋口兼光・根井行親・楯親忠とともに義仲四天王の一人に数えられる重臣である。樋口兼光は兼平の兄にあたり、両者の父は義仲を養育した中原兼遠である。義仲の乳母は兼遠の妻とされており、その子が兼光・兼平なので、義仲にとって兄弟は乳母子《めのとご》ということになる。義仲と兼平が幼少から死に場所は一所という契《ちぎ》りを結んでいたのは、こうした関係に基づいている。

近江八景のうち粟津晴嵐図（土佐慶琢筆・大津市歴史博物館蔵）

随分いやな想い出の詰まっているであろう京都を離れ、大津に出て勢多から引き上げてきた今井に出会い、再び元気を取り戻した義仲であった。しかしやがて主従二騎のみとなると、やはり淋しくなるのだろう。義仲は今井に「日頃は感じたこともないのだが、今日は鎧が重いのは何故だろう」と弱音をもらす。今井は、「御身も馬も疲れてはおりません。味方の勢がいなくなって心細くなられただけです。私は一騎当千ですので、千騎の勢と思ってください」と元気付け、「あそこに見えるのが粟津の松原です。あの松林の中にてご自害ください。私がここで追っ手を食い止めましょう」と、一所に死のうと別れを惜しむ義仲を、雑兵《ぞうひょう》に討たれるようなことになっては末代までの恥と諌《いさ》め、松林へ向かわせる。

しかし運命に見放された義仲は、薄氷の張った深田に馬を打ち入れてしまって身動きがとれず、後ろの今井兼平を気にして振り向いたところを、相模三浦氏の石田為久に兜《かぶと》の下を射抜かれて絶命した。「木曾殿を三浦の石田次郎為久が討ちたてまつったぞ」と名乗りをあげ、それを聞いた今井は、これ以上、いくさをする意味はないとし「東国の武者ども見るがよい。日本一の剛の者の自害する手本よ」と叫ぶと、太刀の先を口に含んで馬から飛び下りて自害して果てたという。

樋口兼光、斬られる

今井の兄樋口次郎兼光は、義仲に離反した源行家を追って河内《かわち》へ出陣していたが、都で合戦が始まったということを聞き、帰京する途中、淀の大渡りの橋で今井の下人と行きあい、義仲・今井兼平の討死を知り、都へ上り討死して義仲に見参しようと上洛を試みる。

しかし戦局は決しており、五〇〇余騎の兵たちの多くは、樋口を見放して脱落してゆき、鳥羽に至るころには二〇余騎にまで減っていた。

樋口が上洛すると聞いて頼朝方も迎撃の兵を差し向け合戦となった。樋口の手に属していた諏訪上宮の住人千野《ちの》（茅野）太郎光広《たろうみつひろ》は、敵に対峙すると「この中に一条忠頼殿の手の者がいたらお手合わせ願いたい」と大音声をあげた。敵は「どうして一条殿の手といくさをしなければならないのか、誰でもお相手しましょう」とどっと笑った。光広は「弟の千野（茅野）七郎が一条殿の手に属しているので、弟に死に様を見届けさせ、それを我が子に知らせてもらうためだ」と答え、敵三騎を落とし、四騎目は引き組んで落ち、刺し違えて討死する。

樋口兼光の縁者であった児玉党《こだまとう》の人々は、今回の合戦での勲功に替えて樋口の命を救ってもらおうと話し合って、樋口に使者をたて、「義仲の側近の今井・樋口とは高名であるが、義仲はすでに討たれた。ここに至っては、降参しその菩提を弔って余生を過ごされるのがよかろう」と伝えた。樋口はこれを容れて捕虜となったが、後白河院の近臣の貴族・女房らは法住寺合戦での悪行の張本は今井・樋口であるとし、寛容《かんよう》の余地なく死罪に処された。

この樋口兼光が捕虜となる件については『吾妻鏡』にもみえている。元暦元年正月二十一日条には、木曾義仲の使者として石川判官代義兼《いしかわほうがんだいよしかね》を攻撃するために河内へ進攻していた兼光は、推《お》して上洛しようとしたところを義経の家人に捕らえられたとあり、二月二日条では、児玉党の人々が義経を通じて宥免《ゆうめん》を申し出たが赦されず、渋谷重国がうけたまわって、その子渋谷高重が斬首したという。

『平家物語』で児玉党の面々は、弓矢取りは合戦に負けて捕虜になった時などに備えて、広く人間関係をつくっておくものだと語っている。当時の合戦の実態がうかがえる逸話である。

志水冠者義高の悲劇

義仲と頼朝の骨肉の争いは、頼朝と義仲との和平の象徴として鎌倉に送られていた義仲の嫡子義高の進退に直接的な影響を与えた。寿永二年(一一八三)三月頃、理由は定かではないが、義仲と頼朝との関係が悪化し、頼朝が甲斐源氏と連携して信濃へ進攻し、義仲は合戦を避けるため、嫡子義高を人質として頼朝に差し出すことになった。頼朝も、本格的な軍事衝突は望んでおらず、長女大姫の婿にとるというかたちで頼朝・義仲の講和が成立

赤備え

武田と井伊と真田と〈普及版〉

井伊達夫 著

武田氏家臣の山県・飯富・浅利・小幡氏から、信州真田氏、江州彦根藩井伊氏までの「赤備え」を述べ、新発見・未発表の赤備え具足を満載。また武田氏旧臣で井伊直孝の軍師となった岡本半介信就についても詳述。

A5判　並製
二九二頁（カラー24頁）
定価1995円（税込）

清麿大鑑〈普及版〉

中島宇一 著

信州出身の不世出の天才刀工 清麿

信州小諸藩赤岩村の名主の子で、のちに上田藩の河村寿隆に刀工の技を学び、江戸一の刀工となった源清麿。嘉永七年に四二歳で突如として自害するなど、波乱に富んだ人生を送ったことから、新々刀期の刀工の中でも最も人気が高い。その清麿の全作刀・資料を収載した決定版！

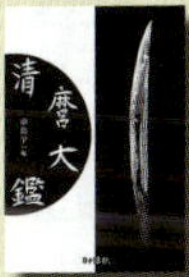

A4判　並製
二六八頁
定価9975円（税込）

真田信繁

「日本一の兵」幸村の意地と叛骨

三池純正 著

幸村伝説の虚像と実像

真田信繁は如何にして「幸村」となりしか？本書はこれまでの史料と研究成果を新たな視点から洗い直し、再構築された真田家の系譜、武士の意地と葛藤の歴史を明らかにした。徳川家康をして恐怖せしめた戦略・兵法・情報戦を駆使した真田家の強さを探る。日本一の兵の伝記決定版！

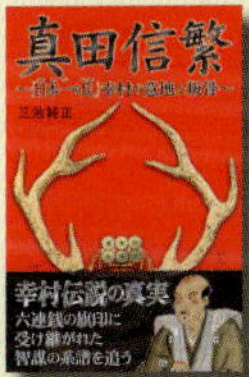

四六判　並製　二五六頁
定価1365円（税込）

上杉謙信・景勝と家中の武装

竹村雅夫 著

上杉家関係の甲冑・刀剣・武具の集大成！

カラー写真七百点以上。上杉神社に所蔵されてきた非公開の貴重な遺産や、刀剣類をはじめとする散逸してしまった上杉家ゆかりの遺品などの未公開写真を多数収録。また、通常の図録や展観では見ることのできない部位・状態の写真も収載。

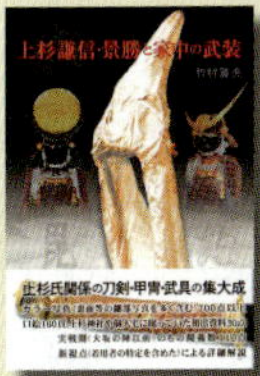

A5判　並製
四二六頁（カラー160頁）
定価4935円（税込）

信濃の甲冑と刀剣

三浦一郎 著

信濃の武士の武具甲冑、刀剣資料を集めた研究書

平安時代から江戸初期にかけて在地豪族の諸勢力が拮抗を続ける信濃の中で生き残りをかけて活躍した武将たちの甲冑と刀剣。その武装を詳細に解説。主に平安・鎌倉時代から江戸初期にかけて信濃の武具甲冑の遺品をまとめ、明確な歴史上の位置づけと武装を探るとともに美術的な精華を紹介する。

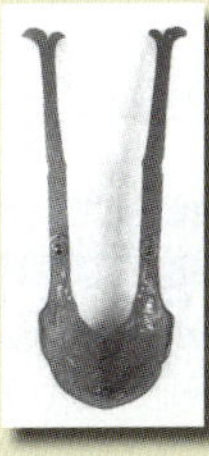

B5判　並製　二五〇頁
予価3990円（税込）

武田・上杉・真田氏の合戦

笹本正治 著

信濃を戦場とした信玄・謙信・真田昌幸などの武将たちの知略を尽くした戦いを分かりやすく描いた一冊。

史料から読み解く戦国武将の実像、家臣団・領民との関係、後世の伝承や人々が受容したイメージとは違う、川中島合戦を詳細に描き出す。

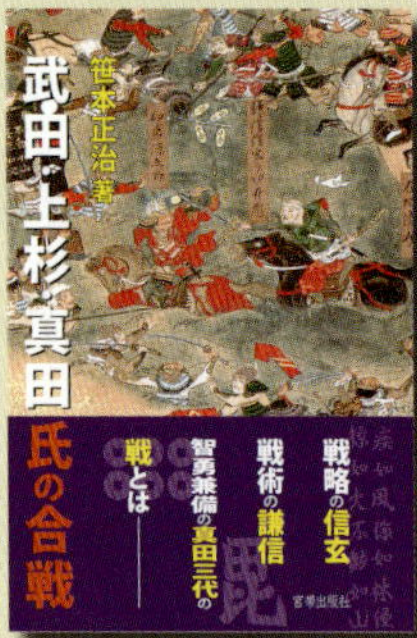

四六判　並製　242頁
定価 1575円（税込）

【笹本正治のプロフィール】
信州大学副学長。人文学部教授。博士（歴史学）。
著書に『武田信玄』『武田勝頼』『真田氏三代』（ミネルヴァ書房）などがある。

武田信玄・勝頼の甲冑と刀剣

三浦一郎 著

武田氏甲冑武具研究の第一人者が贈る新発見・未公開写真を多数収録したファン・研究家衝撃の書

信玄・勝頼と家臣の甲冑・武具を徹底調査。新庄藩伝来 伝「諏方法性の兜」や勝頼と同型の諏方頼忠所用 紅糸威胴丸、また古文書「穴山信君（梅雪）具足注文状」ほか、富士山本宮浅間大社の重宝を中心に未公開カラー写真を多数収録。

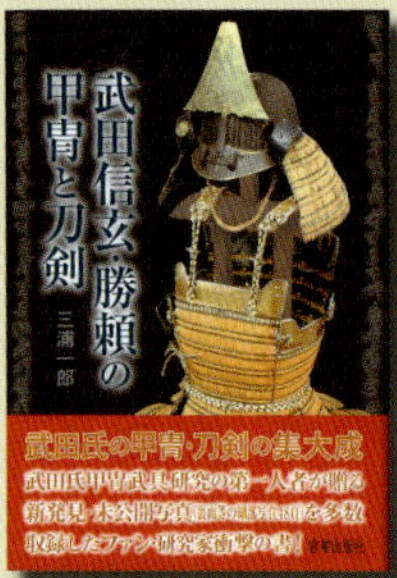

A５判 並製 352頁（カラー 48頁）
定価 3990円（税込）

㈱宮帯出版社　京都市上京区真倉町739-1　www.miyaobi.com
TEL（075）441-7747　FAX（075）431-8877

［ご注文は、お近くの書店へお願いいたします。また、小社へ直接、お電話、FAX、Web からご注文いただくことも可能です。］

した。

結局、この講和は寿永二年十月宣旨の発布を契機として破談にむかい、前述のような頼朝軍の上洛と、義仲の討死という結末に至るのである。この間、鎌倉に人質としてあった義高の身に危険が及ぶことはなかったが、義仲滅亡から三ヶ月程経った『吾妻鏡』元暦元年四月二十一日条によると、頼朝は内々に義高の誅殺《ちゅうさつ》を思い立ち、近習《きんじゅう》らに密かに仰せ含めたところ、それを女房たちが洩《も》れ聞き、義高の許婚《いいなずけ》であった大姫の知るところとなる。義高らは計略を廻らし、その晩、女房に姿を変え、大姫の女房に囲まれて御所を抜け出した。そして隠しおいた馬に乗ったが、その馬は蹄《ひづめ》の音が響かぬように、蹄を綿で包むという用意周到さであった。

義高には信濃から、同じ歳の海野幸氏《うんのゆきうじ》が片時も離れず座右に従っていた。その幸氏が義高の身代わりとなって義高の帳台《ちょうだい》(帳《とばり》をめぐらし畳を敷いた寝所)に入り、宿衣《しゅくえ》を頭までかぶって臥《ふ》した。日が昇ると、寝所から出て双六を打った。いつも義高と幸氏の二人で双六をしているので、あまり不審には思われず、ついに晩まで露顕することはなかった。義高の逃亡が知れると頼朝は激怒し、追手を方々へ遣わしたという。

『吾妻鏡』同二十六日条では、この日、堀親家《ほりちかいえ》が入間川《いるまがわ》の河原で義高を討ったことを知らせてきたという。これは内密にされたが、大姫がこれを知ると、その嘆きのあまり、飲食を断ったという。この後、大姫は病気がちとなり若くして亡くなってしまう。頼朝の冷徹な政治的措置は、敵対者のみならず、その最愛の娘さえ傷つけるという皮肉な結果をまねくことになった。

井上光盛の謀殺と頼朝の信濃支配

ただし頼朝は、漠然《ばくぜん》とした不安から義高を抹殺《まっさつ》しようとしたわけではない。五月一日、義高の伴類《ばんるい》が甲斐・信濃に隠れて、蜂起《ほうき》を企てているとして派兵を決めた。とりあえず下野の足利義兼・甲斐の小笠原長清《おがさわらながきよ》を発向させ、さらに小山・宇都宮・比企・河越・豊島《としま》・足立・吾妻《あがつま》・小林といった下野・武蔵・上野の武士を召集し、さらには相模・伊豆他の関東諸国にも出兵を命じたという。これらへ召集がかけられ、派兵ということになれば、数万規模の大軍となる。義高を担いでの挙兵の実否は定かでないが、それを契機として甲斐・信濃への大規模な進攻がなされたわけである。義仲が存命のうちは、関係が悪化したとしても派兵は控えていたが、その滅亡により、充分にタイミングと大義名分を整えた上で大規模進攻を実行したのであろう。

この甲斐・信濃進攻作戦とリンクしていると思われるのが、元暦元年（一一八四）六月十六日の幕府営中《えいちゅう》での一条忠頼の暗殺、及び同七月十日の井上光盛の駿河国蒲原駅《するがのくにかんばらのえき》での誅殺である。一条忠頼は、甲斐源氏の棟梁格の武士で、頼朝が御所西侍《ごしょにしざむらい》での献杯《けんぱい》の儀に忠頼を召し、酌を勧める際に斬るというまさしくだまし討ちである（『吾妻鏡』同日条）。

蒲原駅付近図

さらに約一ヶ月後には、忠頼に同心したとして井上光盛が討たれた。討手は吉川《きっかわ》・船越《ふなこし》であり、日頃在京していた井上光盛が、下向する時を見計らって討つようにと指示していたということである。討手両人は駿河の御家人で、蒲原駅から一五キロメートル程西の東海道に沿ったところを本拠としている。駿河国蒲原駅は、富士川の西岸の東海道の宿駅であり、富士川に沿って北上すると甲斐に至る場所である。

光盛が京都からどこへ向かっていたのか、それは定かでない。ただし、京都から信濃の本領井上へ帰るとすれば、東山道か北陸道を選ぶはずなので、東海道蒲原駅を通ったとはあまり考えられない。光盛は忠頼に同心した疑いがかけられていたので、鎌倉に召されていたと考えるのが妥当であろう。京都からたまたま下向してきたところを、吉川・船越が討ったのではなく、頼朝が尋問すると称して鎌倉に呼び出し、その途上で殺害したというのが本当のところではないか。すなわち一条忠頼と同様の謀殺である。

一条忠頼と井上光盛らは、なぜ謀殺されたのか。それは彼等の家人たちの処遇をみると明らかになる。すなわち、一条の家人甲斐小四郎秋家《かいこしろうあきいえ》は歌舞曲堪能《かぶきょくたんのう》の者として、頼朝の芳情《ほうじょう》を得て頼朝に仕官し、井上の侍、保科太郎・小河原雲藤三郎《おがわらうんとうざぶろう》は御家人となるよう頼朝に命じられ、比企朝宗《ともむね》がその処置にあたっている。朝宗と同じ比企一族の比企能員《よしかず》は、後に信濃守護となるが、頼朝に重用され朝宗も北陸道勧農使《ほくりくどうかんのうし》となるなど、北陸道に強い影響力をもつ人物である。そうした頼朝の地方支配の重要人物に井上の侍たちの処理を任せるということは、朝宗を介して信濃武士の御家人編成を行う、つまりは守護の職務である大《おお》番催促《ばんさいそく》などの管理者としての機能を帯びての処理と考えるのが妥当である。

この他、同時期の六月二十三日には、片切為安（為康か）に、その父景重の平治の乱における頼朝の父義朝への奉公により、平氏に没収されていた本領の信濃伊那郡片切郷が安堵されている。また、義高の身代わりとなってその逃亡を助けた海野幸氏も、後には御家人として流鏑馬の射手を勤めるなど、赦されて御家人に列している。頼朝は信濃を新たに支配下に入れるに際し、謀殺や大軍の派兵・軍事制圧といった強硬な手段と、安堵・恩赦といった柔軟な手段と、硬軟両方を使い分けつつ信濃武士を御家人へ編入し秩序化しようとしたものと考えられる。

義仲の妹宮菊《みやぎく》の処置などは、まさに硬軟とりまぜての頼朝の信濃支配の典型である。宮菊は義仲亡き後、源頼朝の妻北条政子《ほうじょうまさこ》の猶子となっていた。その宮菊の威を仮りて所領を押領《おうりょう》する輩《ともがら》が現れると、宮菊を鎌倉に召して不穏な輩との交際を禁じ、美濃国遠山荘《みののくにとおやまのしょう》内一村を給付して扶養料とするとともに、小室（小諸）光兼《みつかね》をはじめとする信濃御家人らに対し、その後見を命じている（『吾妻鏡』文治元年（元暦二年）三月三日・五月一日・五月三日条）。頼朝は、義仲の影響を力ずくで排除し、幕府秩序を強制するのではなく、義仲の妹を頼朝ファミリーに加えることで、信濃武士たちをスムースに取り込んでゆこうとする。すなわち従来から存在する秩序なり、体制を根底から否定するのではなく、自己にひきつけて継承し、取り込んでゆくというかたちである。

その際には、木曾義仲・井上光盛といったそれまでの秩序体系のトップをまず排除し、あるいは見せしめのように独立的な勢力を血祭りにあげ、頼朝を頂点とする幕府秩序に再編してゆくという方針であった。

尾藤知宣の本領安堵

『吾妻鏡』元暦元年二月二十一日条によると、尾藤太知宣《びとうたとものぶ》は木曾義仲に属していたが、頼朝の指示で鎌倉に参向したという。頼朝が信濃国中野牧（高井郡）・紀伊《きい》国田中・池田両荘の由緒を尋問すると、祖先である藤原秀郷の頃よりの知行であり、平治の乱で頼朝の父義朝の味方となったために没収されていたのだと答え、頼朝に所領の安堵をうけている。

この後、文治五年（一一八九）の奥州合戦には尾藤知平《ともひら》が従軍し、建久元年（一一九〇）の頼朝上洛の際には、尾藤知景《ともかげ》が供奉している。知平は知宣の子、知景は知宣の弟にあたっており、一族が御家人として幕府に仕えていることが知られる。

尾藤景綱《かげつな》は承久《じょうきゅう》の乱《らん》前後に北条氏との関係を強め、元仁元年（一二二四）には北条泰時《やすとき》の後見として家令職《かれいしょく》に任じられ、文暦元年（一二三四）に死去する直前までその職にあった。泰時の後見となったのは、泰時の次男時実《ときざね》の乳母夫となるなど、擬制的《ぎせいてき》血縁関係を構築したことが大きい（岡田06）。

執権北条家に仕えた人々を、得宗《とくそう》被官《ひかん》・御内人《みうちびと》と呼び、将軍の直属の従者たる御家人と一応区別している。尾藤氏は景綱以降、得宗被官として北条氏権力を支え、やがて長崎氏・平氏など他の得宗被官とともに幕府内での権威を高めていった。

尾藤氏は秀郷流藤原氏の公澄《きんすみ》が尾張守に任じられ、尾張守藤原を縮めて尾藤を名乗った

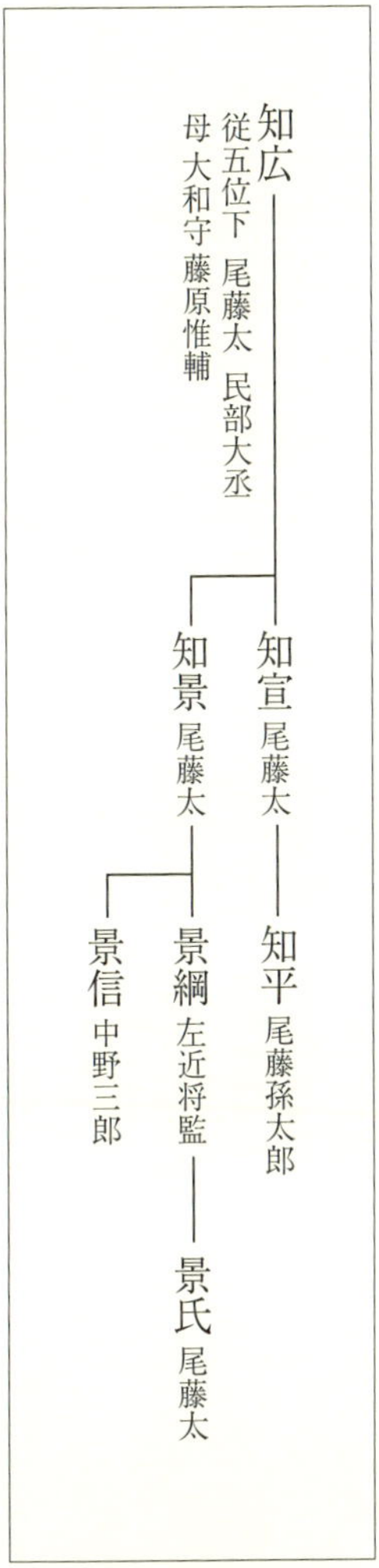

藤原氏秀郷流系図
（『尊卑分脈』）

とされる。すなわち、特定の名字の地を持たない一族であり、尾藤知宣が頼朝より信濃国中野牧の他、紀伊国という遠隔の所領を安堵されているのも、それが開発相伝《かいほつそうでん》・一所懸命《いっしょけんめい》の地というよりは、もとより武家棟梁や摂関家など中央権力に接近して給付された所領であったからと考えられる。そうした本来の性格から、鎌倉幕府の成立後も、得宗被官として生きる道を選択したのであろう。

第三章　鎌倉幕府の成立と信濃御家人

信濃御家人の抽出

信濃武士の御家人制への再編成は前述のように、平氏・義仲時代の体制をおよそ継承し取り込むかたちで行われた。そのため義仲方であった武士も多く御家人となっている。次に掲げる「信濃国御家人一覧」は、信濃国の御家人を抽出したもので、『吾妻鏡』にみえる頼朝期の信濃国を本貫とする御家人は〈吾〉で、六条八幡宮造営注文《ろくじょうはちまんぐうぞうえいちゅうもん》の信濃国御家人の項にみえるものについては〈六〉で示した。

これら信濃の鎌倉御家人の内、市原・横田河原の合戦に参戦するなど、旧義仲配下であった一族については◎印を付した。すなわち井上・海野・笠原・小室（小諸）・志賀・高梨・仁科・祢津・望月・村上・村山といった一一氏が確認される。

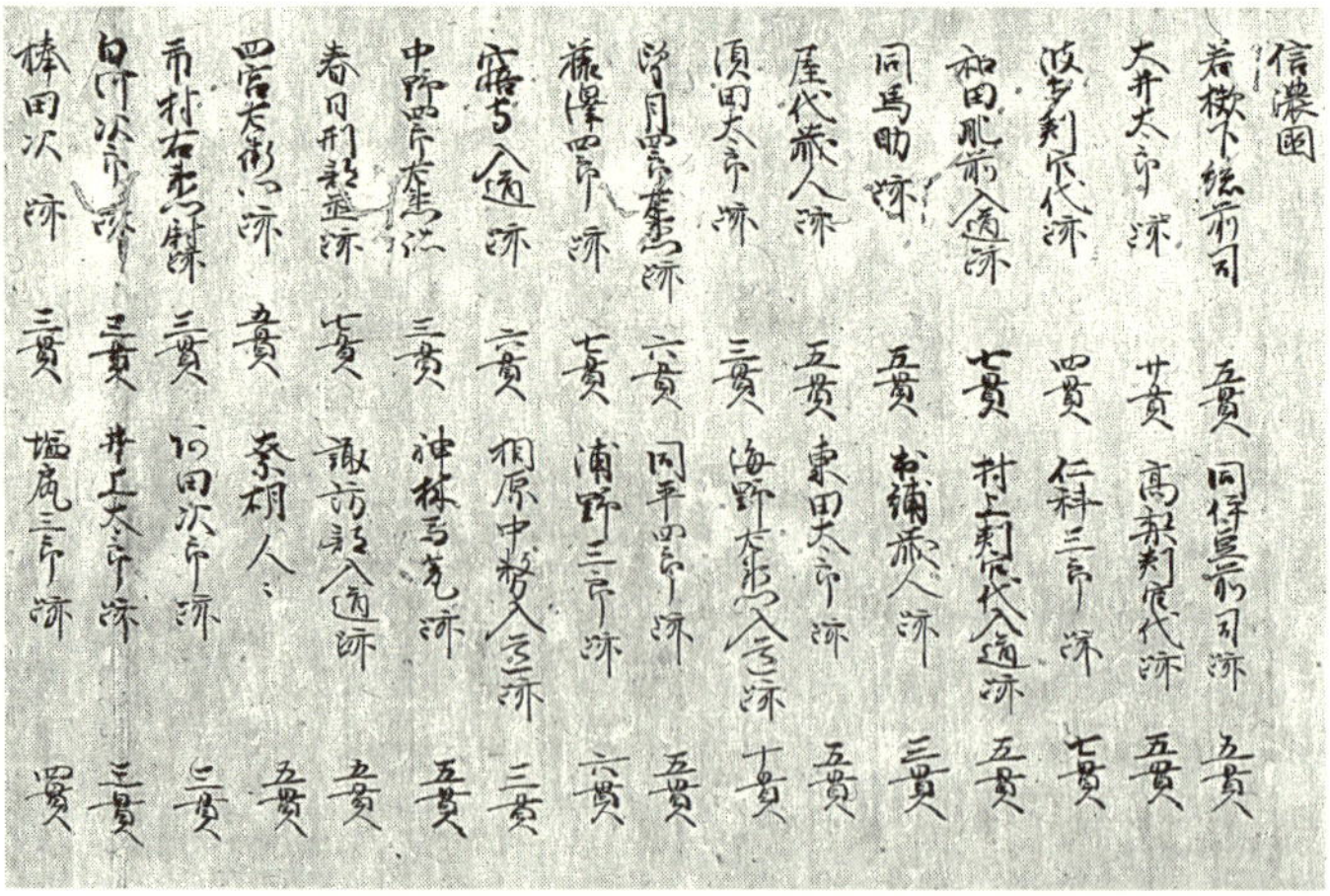

信濃国
若槻下総前司跡　五貫　同伊豆前司跡　五貫
大井太郎跡　廿貫　高梨判官代跡　五貫
波多判官代跡　四貫　仁科三郎跡　七貫
和田肥前入道跡　七貫　村上判官代入道跡　五貫
同馬助跡　五貫　[illegible]蔵人跡　三貫
屋代蔵人跡　五貫　東田太郎跡　五貫
須田太郎跡　三貫　海野左馬入道跡　十貫
望月四郎左衛門跡　六貫　同平四郎跡　五貫
藤沢四郎跡　七貫　浦野三郎跡　六貫
[illegible]入道跡　六貫　相原中務入道跡　三貫
中野四郎左衛門尉　三貫　神林馬允跡　五貫
春日刑部丞跡　七貫　諏訪部入道跡　五貫
四宮左衛門跡　五貫　奈胡人々　五貫
市村右馬助跡　三貫　河田次郎跡　三貫
白井次郎跡　三貫　井上太郎跡　三貫
桃田次跡　三貫　塩尻三郎跡　四貫

六条八幡宮造営注文写（国立歴史民俗博物館蔵）

さらに、確認はされないものの、義仲に属した者は、他にも多くいたことが想定される。次項で言及するように、幕府成立後、惟宗忠久・小笠原長清・比企能員など頼朝の意をうけ、守護・地頭といった幕府地方官への任命を背景に信濃に入部してくる武士ももちろんいるが、総体的には在来勢力の大部分が御家人として温存されたといえよう。

建久六年二月十四日、将軍頼朝は二度めの上洛のため大勢の御家人を従えて上洛した。一度目の上洛は建久元年末で、奥州合戦を終えて、長い内乱の終結に伴う上洛であった。今回の目的は、表向きには平家に焼き落とされた奈良東大寺の再建供養への出席のためとされるが、実際は娘大姫の入内や、後任の将軍頼家の京都へのお披露目が目的であったとされる。

この上洛には多数の御家人が供奉しているが、信濃武士としては、小室（諸）小太郎・祢津次郎・同小次郎・春日三郎・中野五郎（能成）・笠原六郎・小田切太郎・志津田太郎・岩屋太郎・中野四郎・泉八郎・中沢兵衛尉・大島八郎（宗綱）・海野小太郎（幸氏）・藤沢次郎（清親）・望月三郎（重隆）・村上左衛門尉（頼時）・高梨二郎が先陣《せんじん》の随兵《ずいひょう》に、平賀三郎・村山七郎（義直）・加々美二郎（小笠原長清）・笠原十郎（親景）・志賀七郎などが後陣《ごじん》の随兵に列している。

彼等は奈良に到着すると、再建供養法会の警備のため、東大寺周辺の辻々・門々に配置されたが、ことに海野幸氏と藤沢清親は、「殊なる射手」として惣門《そうもん》の左右の脇に候じて警備した。これもまた弓馬に長じた武士としての眉目《びもく》であった。

信濃国御家人一覧

泉　八郎〈吾〉	市村右衛門尉（水内郡）〈六〉	出浦蔵人（埴科郡）〈六〉
井上太郎（高井郡）〈六〉◎	海野小太郎（小県郡）〈吾〉◎	笠原高六（伊那郡）〈吾〉◎
岡館次郎〈吾〉	小田切太郎（佐久郡）〈吾〉	桐原中務入道〈六〉

春日刑部丞跡〈六〉
春日貞親（佐久郡）〈吾〉
春日貞幸（佐久郡）〈吾〉
河田次郎（高井郡）〈六〉
神林馬允（筑摩郡）〈六〉
窪寺入道（水内郡）〈六〉
栗田太郎（水内郡）〈六〉
小室（諸）太郎次郎（佐久郡）〈吾〉◎
小室（諸）光兼（佐久郡）〈吾〉◎
捧田次（筑摩郡）〈六〉
塩尻三郎（筑摩郡）〈六〉
志賀七郎（佐久郡）〈吾〉◎
志津田太郎〈吾〉
島楯三郎〈吾〉
四宮左衛門（更級郡）〈六〉
岩（宿）屋太郎〈吾〉
白河次郎（筑摩郡）〈六〉
須田為実（高井郡）〈吾〉

須田太郎（高井郡）〈六〉
諏訪部入道（小県郡）〈六〉
高井太郎（高井郡）〈吾〉
高梨次郎（高井郡）〈吾〉◎
高梨判官代（高井郡）〈六〉◎
寺尾太郎（埴科郡）〈吾〉
寺尾三郎太郎（埴科郡）〈吾〉
中野四郎左衛門尉（高井郡）〈六〉
中野助光（高井郡）〈吾〉
中野能光（高井郡）〈吾〉
中沢兵衛尉（伊那郡）〈吾〉
奈胡〈六〉
仁科三郎（安曇郡）〈六〉◎
祢津宗直（小県郡）〈吾〉◎
波多判官代（筑摩郡）〈六〉
平賀義信（佐久郡）〈吾〉
平賀朝信（佐久郡）〈吾〉
尾藤知景（高井郡）〈吾〉

尾藤知平（高井郡）〈吾〉
藤沢清近（親）（伊那郡）〈吾〉
藤沢四郎（伊那郡）〈六〉
村上経業（更級郡）〈吾〉◎
村上基国（更級郡）〈吾〉◎
村上頼時（更級郡）〈吾〉◎
村上判官代入道（更級郡）〈六〉◎
村上馬助（更級郡）〈六〉◎
村山頼直（水内郡）〈吾〉◎
望月重隆（佐久郡）〈吾〉◎
望月四郎左衛門尉（佐久郡）〈六〉◎
望月平四郎（佐久郡）〈六〉◎
屋代蔵人（埴科郡）〈六〉
若槻下総前司（水内郡）〈六〉
若槻伊豆前司（水内郡）〈六〉
和田肥前入道（水内郡）〈六〉

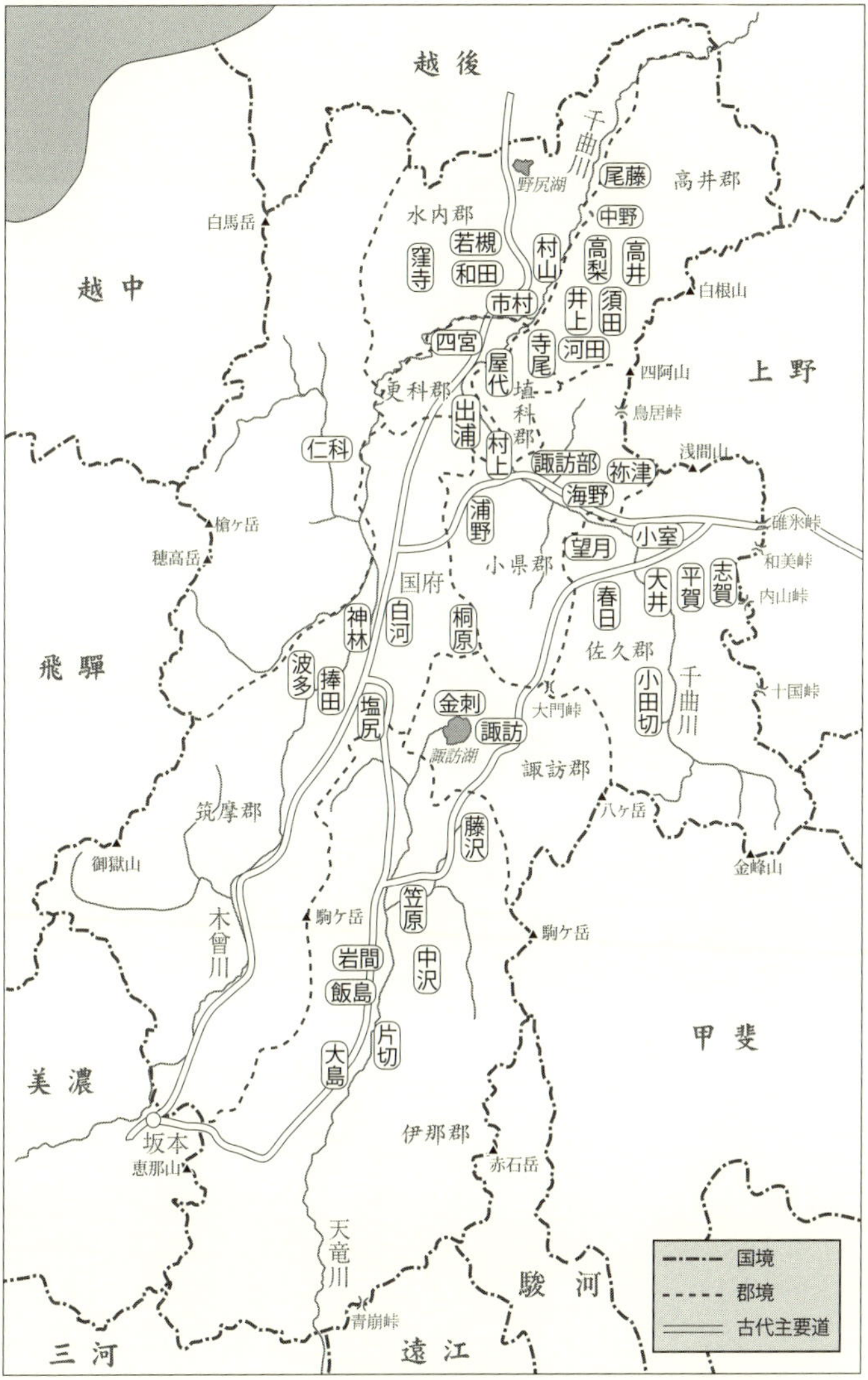
越後
越中
飛驒
美濃
三河
遠江
駿河
甲斐
上野
水内郡
高井郡
更科郡
埴科郡
小県郡
佐久郡
諏訪郡
筑摩郡
伊那郡
野尻湖
千曲川
尾藤
中野
若槻
窪寺
和田
村山
高梨
高井
市村
井上
須田
四宮
寺尾
河田
屋代
出浦
村上
諏訪部
祢津
海野
仁科
浦野
小室
望月
国府
平賀
志賀
大井
春日
神林
白河
桐原
波多
捧田
塩尻
金刺
諏訪
諏訪湖
小田切
千曲川
藤沢
笠原
中沢
岩間
飯島
片切
大島
坂本
木曾川
天竜川
白馬岳
白根山
四阿山
鳥居峠
浅間山
碓氷峠
和美峠
内山峠
十国峠
槍ヶ岳
穂高岳
大門峠
八ヶ岳
金峰山
御嶽山
駒ヶ岳
駒ヶ岳
恵那山
赤石岳
青崩峠
国境
郡境
古代主要道

御家人分布図

没官領地頭

文治元年（一一八五）十月の源義経の没落にあたり源頼朝は、頼朝追討の宣旨を義経に与え、その挙兵を扶助した後白河院とその側近たちの背信行為を糾弾し、諸国没官領《もっかんりょう》の給付を強要し勅許《ちょっきょ》された。これにより頼朝は給付された没官領に、自分の配下である御家人らを補任し、謀叛・重犯罪の防止・検断《けんだん》にあたらせた。没官とは朝敵・謀叛人の所有物を国家に没収することであり、そうして没収された所領を没官領と呼ぶ。治承寿永の内乱においては、平氏とその与党、あるいは義仲などの旧領が没官領とされ、それらは前述の文治《ぶんじ》勅許《ちょっきょ》で頼朝に給付された。頼朝はそこに地頭を補任していったのである。

信濃国では、まず文治二年正月八日に小県郡塩田荘（上田市）地頭に惟宗忠久が補任されている（島津家文書、同日付頼朝下文）。忠久はもと摂関家の家司で、頼朝にスカウトされ御家人となった、いわゆる京下官人《きょうくだりかんじん》であるが、他に九州の島津荘も拝領し島津を名乗る。戦国・近世大名の島津氏の祖である。あまりに頼朝に重用されたため、頼朝落胤説もあるほどだが、その理由は頼朝の乳母比企尼の縁者であったためと考えられる。

その比企尼の猶子が比企能員である。幕府初期、比企能員は頼朝の嫡子頼家の乳母夫となったことに象徴されるように、非常に羽振りが良かった。忠久の塩田荘拝領も、当時、信濃国の目代と総追捕使《そうついぶし》を兼ねていた能員と、忠久が近しい関係であったためと想定される。

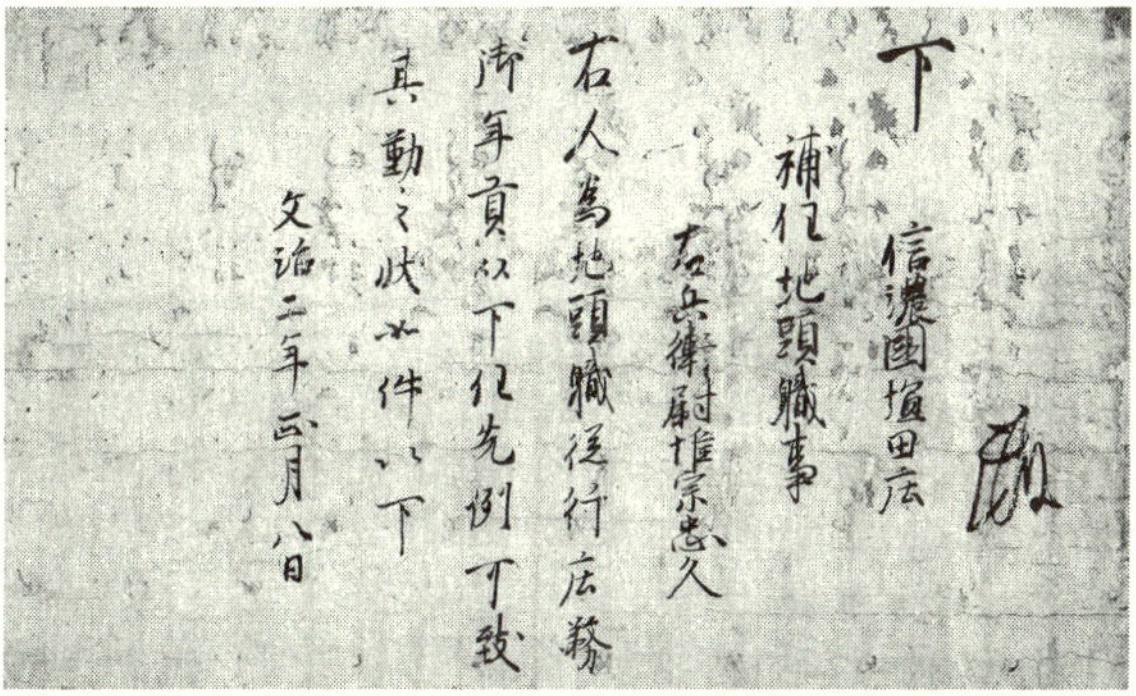
下　信濃国塩田庄
補任　地頭職事
左兵衛尉惟宗忠久
右人為地頭職、従行庄務、
御年貢以下任先例可致
其勤之状、如件、以下
文治二年正月八日

文治二年正月八日 源頼朝下文
（島津家文書・東京大学史料編纂所蔵）

しかし頼家政権では、建仁三年（一二〇三）、比企能員が北条時政と対立し排除されており、これに伴って同荘も北条氏の手に移ったらしく、後には北条氏の庶子家塩田氏の名字の地となっている。なお塩田荘は、横田河原の合戦における義仲方の中に塩田八郎高光《たかみつ》がみえ（『源平盛衰記』）、義仲与党として、その所領が没官された可能性が指摘されている（『県史』二）。

なお忠久は承久三年（一二二一）五月八日の関東下《げ》知状《ちじょう》をもって水内郡太田荘（長野市）の地頭に補任されており（島津家文書）、復活しているようである。

『吾妻鏡』文治二年十月二十七日条では、伴野荘（佐久市）の年貢送状《ねんぐそうじょう》が到来したので頼朝は、自身の書状を添えて、京都へ送ったという。地頭の加賀美（小笠原）長清は、年貢の支払いが大分滞っていたらしく、ようやく到来したので送ったのだという。京都へ送ったというのは、荘園領主が京都にいたためであろう。加賀美長清は、甲斐源氏で、甲斐国巨摩郡加賀美荘を本貫地とするので、伴野荘は、文治二年（一一八六）十月以前に頼朝から新《しん》恩《おん》として給付されていた地頭職であろう。加賀美長清は、治承四年（一一八〇）十月には頼朝の許に参じている。その頃、他の甲斐源氏はまだ頼朝との支配関係はなく、独自に活動しており、甲斐源氏の中で、最も早く家人となったのが長清であった。そのため頼朝から優遇され、文治元年（一一八五）八月には信濃守に推挙《すいきょ》されている（『吾妻鏡』同二十九日条）。長清は小笠原を称し、信濃の有力武士小笠原氏の祖となるが、伴野荘地頭職は長清の子孫に相伝され、同荘の地頭は伴野氏を称した。こうして順調に勢力を伸張した長清は、「七ヶ国管領」と称された。

承元《じょうげん》四年（一二一〇）、信濃善光寺の本所《ほんじょ》近江園城寺は、善光寺の地頭長沼宗政《ながぬまむねまさ》の停廃を幕府に申請した（『吾妻鏡』同年八月十二日条）。かつて頼朝政権期に寺域内の狼藉《ろうぜき》を鎮めるため地頭が置かれることとなり、長沼宗政が、自分は前世では罪深い罪人であったので、地頭となり功徳《くどく》を積んで仏と結縁《けちえん》したいと申請し認められた。長沼宗政は下野国長沼荘（栃木県真岡市）を本貫地とする秀郷流藤原氏で、兄は小山朝政で共に幕府の重鎮として治承寿永の内乱では全国を転戦した歴戦の猛者《もさ》である。そうした勲功賞《くんこうのしょう》でもあり、また信濃支配の要《かなめ》として宗政が善光寺の地頭に補任されたと想定される。この善光寺が没官領であったため地頭が置かれたのか、単に狼藉の鎮圧・警備のためなのかは定かでない。

善光寺と頼朝・鎌倉幕府

前述の善光寺地頭補任が、善光寺支配に対する頼朝、あるいは幕府の強い意志によってなされていたであろうことは、様々な形での善光寺への関与からうかがわれる。

『吾妻鏡』建久六年八月二日条では、頼朝の善光寺参詣の計画が発表されたが、同二十三日では寒天《かんてん》のため明年春に延期されている。建久八年（一一九七）には実行に移されたという記録もあるが定かではない（『史料』三）。それはともかく頼朝が善光寺参詣を希望していたことは確かであろう。また『吾妻鏡』文治三年七月二十七日条によると、頼朝は信濃国日代と同国内の荘園公領の沙汰人らに対して、一味同心して善光寺の造営に尽力するように命じており、治承三年（一一七九）に焼失した善光寺の再建に並々ならぬ熱意を傾けている様子がうかがえる。

それは単に信仰心だけでなく、諏訪社の神役《しんやく》がそうであるように、善光寺の再建や頼朝の参詣といった事業を通じて、幕府・善光寺――信濃武士という支配秩序を構築することが目的と考えられる。

長沼宗政の善光寺地頭補任もそうした善光寺支配という頼朝側の目的があったことは確かで、そのため「寺家のため、地頭還《かえ》って煩いとなる」と不評で、承元四年（一二一〇）に宗政の地頭は停止されているが、降って『吾妻鏡』文永二年十一月二十日条には善光寺辺の警固の奉行として「和田石見入道仏阿・原宮内《くない》左衛門入道西蓮・窪寺《くぼでら》左衛門入道光阿・諏方部《すわべ》四郎左衛門入道定心」の四人がみえ、新たな手段で善光寺への関与が試みられていることがわかる。

諏訪部は小県郡、上田市内千曲川沿いの近世上田城の西北部に所在し、同地を本貫とする武士であろう。嘉暦四年（一三二九）の諏訪上社頭役注文《すわかみしゃとうやくちゅうもん》（『史料』五）では五庁郷《ごちょう》（長野市後町）の地頭として御射山《みさやま》右頭役を勤めており、また六条八幡宮造営注文には「諏方部入道跡」がみえる。諏訪部氏は、幕府御家人として小県郡を本拠としながら、善光寺平にある国衙出張機関「後庁」の地頭を兼務し、そうした立場で諏訪社神役を勤めている。この点からして信濃の有力武士であり、諏方部定心はその一族と考えてよかろう。

窪寺は水内郡窪寺郷（長野市）の武士と考えられる。六条八幡宮造営注文には「窪寺入道跡」とみえる。窪寺氏が同郷の領主として、諏訪神社の頭役を勤めていることが、元徳元年（一三二九）の諏訪上社結番帳にみえている。和田の本貫地は必ずしも特定されてはいないが、長野市内善光寺東側の西和田・東和田ではないかとされている。他の窪寺・諏訪部は、いずれも後庁・善光寺の近辺に所領を所持しており、和田も長野市内の和田というのが適当であろう。原は不明であるが、およそ善光寺周辺に所領をもつ御家人らが善光寺奉行に任じられているといえよう。

しかし彼等も長沼宗政同様、「不調法《ぶちょうほう》」により解任されている。それは「員外《いんがい》の雑務」に交わったからだというから、本来の警固役以外での職権乱用などが考えられるが、根底には幕府権力に対する善光寺側の反発があるのだろう。

二代将軍頼家とその近臣の信濃武士

正治元年（建久十年・一一九九）四月二十日、若き二代将軍源頼家は、小笠原弥太郎長経・比企三郎宗員（能員の子）・比企四郎時員・中野五郎能成《よしなり》ら五人の従者（もう一人は和田三郎朝盛〈義盛の孫〉か細野四郎兵衛尉）が、たとえ鎌倉中で狼藉を行ったとしても敵対することは許さない。もしこれに違反する者があれば処罰する。またこの五人の他は、特別の指示がなければ、頼家の御前に参上することはできないと命じたという（『吾妻鏡』同日条）。

この五人は頼家の近習であるが、その従者が鎌倉中で乱暴しても罪に問わないとは、なんとも奇妙な命令であるが、これには直前の「十三人の合議制」発足が関係しているようだ。すなわち、四月十二日、将軍頼家の独断による裁許《さいきょ》を止め、大江広元・三善善信・中原親能・北条時政・三浦義澄といった十三人の幕府有力者による合議に基づいて裁許を下すことに定められた。つまり頼家は独裁的な裁判権が剥奪《はくだつ》されたのである。その腹いせだと考えれば納得できるだろう。

この五人のうち、小笠原長経は、加賀美長清の子で、長清は伊那郡伴野荘の地頭。小笠原家は鎌倉時代を通じて信濃の有力御家人の地位を保ち、南北朝期には守護にもなる家柄である。比企三郎宗員は、当時の信濃守護比企能員の子である。つまり信濃守護の近親者である。中野能成は高井郡中野郷（牧）を名字の地とする武士である。細野四郎兵衛尉は不詳であるが、安曇郡細野郷の武士かもしれない。

これら信濃に関係の深い頼家の近習五人は、この後も頼家の手足となって働いてゆく。正治元年七月、安達景盛の妾に横恋慕《よこれんぼ》した頼家は、景盛の留守を狙って妾を略取し、御所へ拘禁《こうきん》してしまう。この際、中野能成は妾を召し連れてくるよう頼家に命じられ、女性は小笠原長経の家にとり置かれた。その後、女性は御所の石壺《いしつぼ》という部屋に移されたが、ここには小笠原長経・比企三郎・和田朝盛《とももり》・中野能成《よしなり》・細野四郎の五人の他は参じてはならないと定められたという（以上『吾妻鏡』正治元年七月二十・二十六日条）。

源頼家像（修善寺蔵）

このスキャンダルが事実なのかどうかは不明である。そもそも『吾妻鏡』の編纂者は、その立場が北条氏より、あるいは北条氏自身なので、二代将軍頼家の失脚を、その将軍としての資質の欠如から説明しようとする政治的意図が含まれていることは、充分に考えられる。ただし、これらの話の中で、頼家側近の五人が重要な役回りを演じている点については、頼家と五人の関係が密接であったことが前提となっているのは確かであろう。この他、建仁元年（一二〇一）九月二十二日条では、国土が飢饉にあえぎ、鶴岡八幡宮の門が転倒するなど不吉なことが起きるなか、頼家が京都から人を呼んで蹴鞠《けまり》会を開いたことにつき北条泰時は、近臣である中野能成を通じて諫言している。これもまた、能成が頼家側近として重要なポストにあったことを示していよう。

比企能員の乱と信濃武士

建仁三年（一二〇三）七月、将軍頼家が病により危篤《きとく》になると、にわかに政局が動き出す。翌月、いよいよ重くなると北条時政が中心となって、頼家の後継問題が検討され、将軍の権限が頼家の嫡子一幡《いちまん》と頼家の弟千幡《せんまん》（後の実朝）とに分割されることになった。これを知った比企能員は、病床の頼家を訪ねて北条時政の追討を進言するが、北条政子が障子を隔てて両人の密議を漏れ聞き父時政にそれを告げる。時政は先手をうって仏事と偽って能員を呼び出し謀殺すると、引き続き比企氏一党の籠もる小御所を攻撃する。頼家近習の比企三郎・比企時員など一門の多くが討たれ、頼家の嫡子一幡も戦火の中で死亡した。

翌日の九月三日以降、謀叛人比企氏に同心したとされる人々の探索と処分が行われ、日頃より外祖《がいそ》の能員の威《い》を仮り、合戦では能員の子らと行動を共にしたとして、小笠原長経・中野能成・細野兵衛尉らが拘束され、島津忠久は大隅《おおすみ》・薩摩・日向《ひゅうが》の守護職が没収されている。

『吾妻鏡』九月十九日条には、「故比企判官能員の残党、中野五郎義（能）成已下《いげ》の事、なお以てその沙汰あり、所領など収公《しゅこう》せらる」とあり、謀叛人として中野能成の所領が没収され、同十一月七日条には、旧頼家近習たる中野能成以下が遠流《おんる》と定められたとある。これに対し、中野氏の伝来文書である市河文書には、中野（藤原）能成に「本所に安堵せしむ」とする建仁

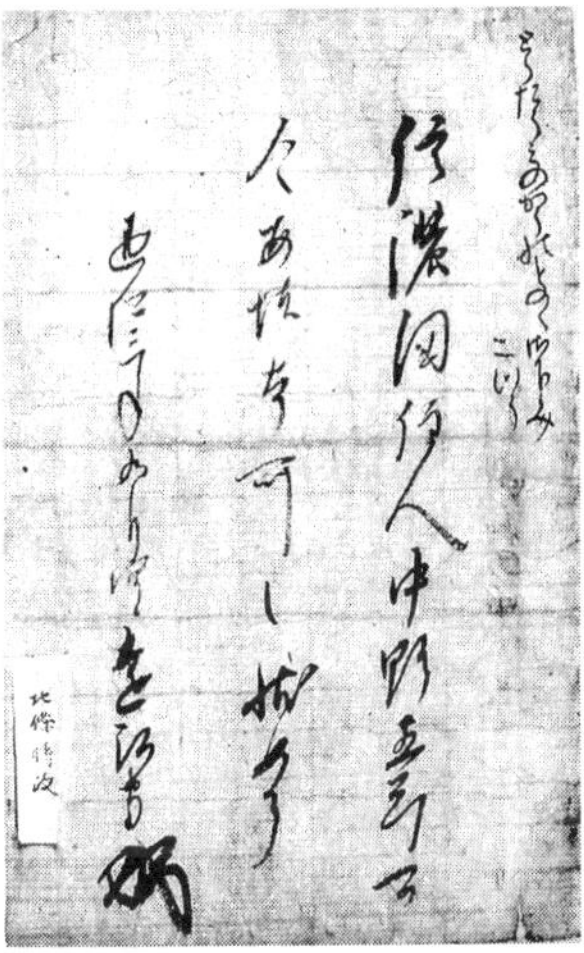

建仁三年九月四日 北条時政（遠江守）安堵状（本間美術館 蔵）

三年九月四日付の北条時政安堵状《あんどじょう》、及び「信濃国春近領志久見郷地頭職《はるちかりょうしくみ》」の本領安堵を下知する同年月二十三日付の北条時政安堵状が存在する。しかし、同じ市川文書の貞応三年（一二二四）十一月十三日北条泰時書状では、同郷を返付するとあり、前掲市河文書の記述と異なっている。

市河文書の建仁三年九月の北条時政下知状では、中野能成が比企の乱の直後に本領安堵《ほんりょうあんど》されていることになるが、『吾妻鏡』では所領没収のみならず配流という重い処分を受け、本領の志久見郷が安堵されるのも、ずっと後のことという全く異なった経緯が浮かび上がる。これにより、いわゆる中野能成スパイ説が生まれた。すなわち将軍頼家の近習としてその懐にありながら、実は時政のスパイであり、公式には処分されても、時政から密かに安堵を受けていたという小説がかった説明である。しかし問題の下知状は、文書の大きさが小さすぎること、「鎌倉殿《かまくらどの》」と書くべきが「鎌倉」となっており、「殿」の字が抜けてしまっていることなどから、やや疑問があり、偽作された可能性を考えるべきという指摘もある（『県史』二）。もちろん、文書が小さいのは密書だからだとか、「殿」が抜けているのは写しだから正文《しょうもん》（現物）には書かれていたはずなどといった説明もできるのであり、真相は謎である。

北条時政政権と平賀朝雅の重用

建仁三年（一二〇三）九月、源頼家に代わり、その弟実朝が三代目の将軍となる。その翌月、頼家は出家し伊豆修善寺《いずしゅぜんじ》に幽閉され、年少の実朝に代わって外祖父時政が政権を掌握した。この時政の台頭にともなって、その娘婿となっていた平賀朝雅《ともまさ》が幕府の中枢で活躍するようになる。

朝雅は河内源氏で佐久郡平賀郷を名字の地として平賀氏を名乗り、朝雅の父義信は、源頼朝の父義朝に従って平治の乱に参加していた。その関係で、頼朝にも一門として重用されていたが、北条時政の婿になっていたため、時政により更に引き立てられるようになり、京都守護といった大役にも任じられた。

同年十月三日、朝雅は京都守護の任務のため上洛し、西国の御家人は朝雅に従って在京するよう命令書が廻らされたという（『吾妻鏡』同日条）。京都守護は、かつて頼朝の弟源義経・岳父《がくふ》時政が任じられたが、その後は空席で、時政が政権を握って再設置されることになった。承久の乱後に六波羅探題《ろくはらたんだい》が置かれると、西国の裁判・軍事、対朝廷交渉など重要な職務を担うことになるが、その前身が京都守護である。探題ほどの機能はもっていなかったが、すでに西国御家人が一定期間、上洛し洛中警護《らくちゅうけいご》にあたる京都大番役《きょうとおおばんやく》は機能しており、西国の御家人たちは朝雅に従って在京せよとは、まさにこの大番役の差配のことであろう。京都守護平賀朝雅の職権は、西国御家人の頂点に立つともいえる大きなものであったといえる。

この後、元久元年（建仁四年・一二〇四）三月には、伊勢《いせ》・伊賀《いが》で発生した旧平氏家人らによる大規模な反乱に際しても、後鳥羽院《ごとばいん》より追討使に任じられ、すみやかなる乱平定により軍功を認められ、両国の守護に補任され、また院との関係も良好で近習にも列している。

しかし絶頂の時期は長くはなかった。元久二年六月、武蔵武士の棟梁的存在であり、幕府創設以来の重鎮である畠山重忠が、北条時政によって失脚、討ち取られた。これは朝雅が義母の牧《まき》の方に重忠を讒訴《ざんそ》し、夫の時政に牧の方が訴えたことによるとされる（『吾妻鏡』元久二年六月二十一日条）。この讒訴は前年十一月、京都の朝雅邸で酒宴が行われた際、畠山重忠の子重保と朝雅の間で口論となったのが要因とされている。

牧の方から相談をうけた北条時政は、北条義時・泰時の両息に相談するが、幕府創設以来の忠臣であり、よくよく調査が必要として同意は得られなかった。しかし牧の方の強い主張に義時も屈服し誅殺に同意したといい、これにより武蔵の雄、畠山氏は滅亡する。

しかし事件はこれだけでは済まなかった。一ヶ月半ほど後の閏七月十九日、幕府に激震が走る。牧の方が娘婿朝雅を将軍にたてるため、三代将軍実朝の殺害を謀っているとし、尼御台所《あまみだいどころ》北条政子の命で、長沼宗政・結城朝光・三浦義村らの御家人が北条邸を急襲し、将軍実朝の身柄を奪い北条義時邸へ移した。時政も兵士を集めていたが、実朝が義時の手に落ちると、みな義時側に寝返っていったという（『吾妻鏡』同日条）。

北条時政は出家し、翌日には伊豆北条に下向し、蟄居することになった。時政は蟄居で済んだが、張本人とされた平賀朝雅は、京都で幕府軍の襲撃をうけて同月二十六日、討死する。朝雅を将軍にしようという牧の方の陰謀があったというが、実際のところは不明である。牧の方は北条時政の後妻で、頼朝の妻となった政子、執権二代の義時は、ともに前妻の子であり、この前妻系と後妻系との対立が騒動の根底にあり、それに時政・朝雅が巻き込まれたという考え方もできよう。もちろん朝雅が本当に将軍となることを望んだのか否かはわからない。ただし、河内源氏の嫡流に近い存在として、ややもすれば将軍就任ということも考えられるような家柄と認識されていたことは確かであろう。

泉親平の陰謀

建保元年（建暦三年・一二一三）二月、千葉成胤《なりたね》が法師一人を生け捕りにして北条義時に突き出した。これは謀叛を企んで、成胤のもとへ合力《ごうりき》を頼むための使者であり、「信濃国住人青栗七郎弟阿静房安念」というものであったという（『吾妻鏡』同十五日条）。この者を尋問したところ、謀叛に参画した信濃国の住人として、一（市）村小次郎近村・籠山《こみやま》（小宮山）次郎・保科次郎・栗沢太郎父子・青栗四郎という面々を白状した。この他、張本は一三〇余人、伴類は二〇〇人にも及んだといい、また故将軍源頼家の子を担いでの、かなり大規模な謀叛計画だったようである（『吾妻鏡』同十六日条）。

後に張本人は泉親平《ちかひら》であることが発覚する。親平は、『尊卑分脈』によると清和源氏で泉公衡《きんひら》の子とあり、「建暦陰謀専一、追討之時不レ知二行方一」と注記されている。その本拠は必ずしも明らかでないが、一族に諏訪部・室賀《むろが》などがみえることから、小県郡小泉荘付近（上田市）と考えられている。諏訪社の神役支配を定めた嘉暦《かりゃく》四年（一三二六）三月日の関東下知状（守谷文書）には「（小泉荘内）岡村泉小次郎知行分」がみえ、泉一族が鎌倉後期まで存続していたことをうかがわせる。

古東山道は国府のあった松本から保福寺峠を経て上田に至るルートをとっていたが、小泉荘は上田に至る手前にあたり、泉氏の一族である室賀・諏訪部などもこのルート付近に所在している。

二月十六日、安念法師の自白により謀叛人が捕らえられていったが、張本人とされる泉

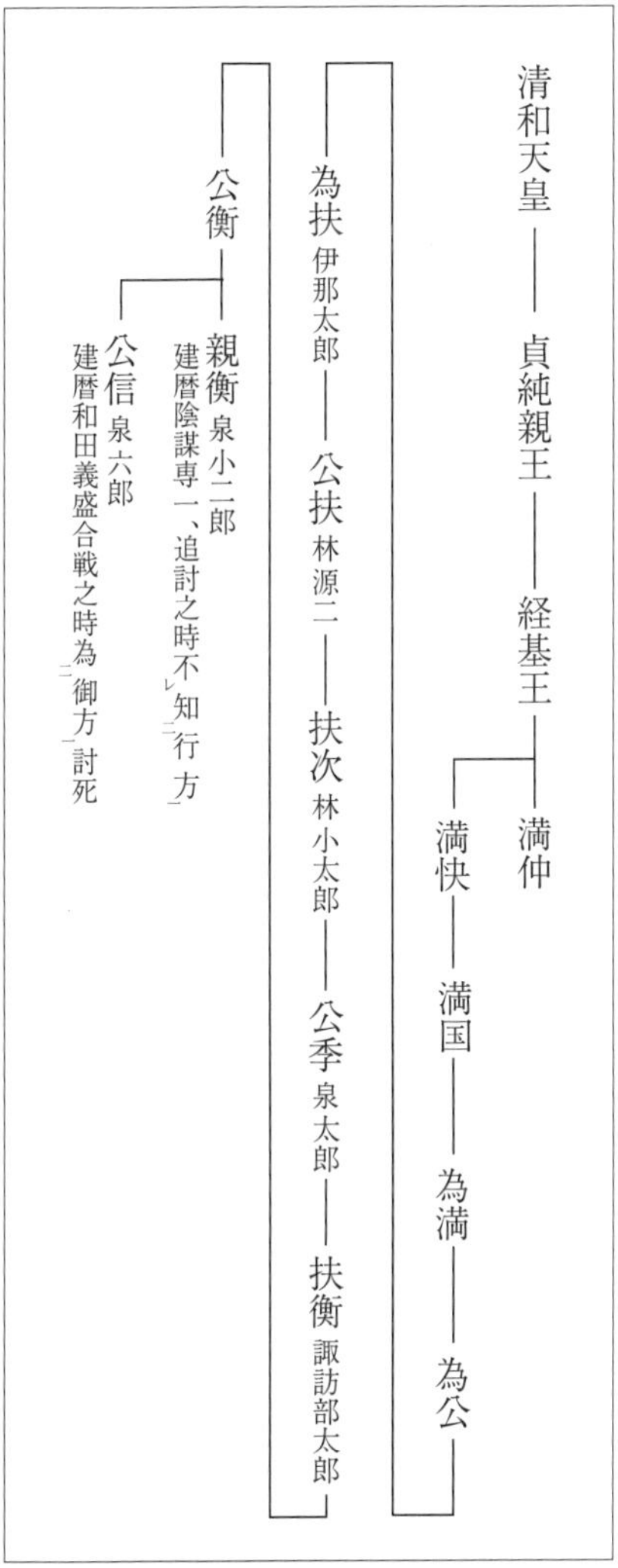

泉氏系図(『尊卑分脈』)

親平は、三月二日、鎌倉の違橋（筋替橋）付近に隠れていたところを発見され、討手を斬り退けて姿をくらましたといい（『吾妻鏡』同日条）、この後の消息は不明である。

なおこの泉親平（衡）は、後世、大力の者としてとりあげられ、江戸時代後期には、よみ本『泉親衡物語』（二代目福内鬼外・森島中良作）などが版行されている（佐藤悟92）。

和田合戦と信濃武士

この泉親平の謀叛事件は、さらに大規模な衝突への導火線となる。この事件に関与したとして和田義盛《よしもり》の子の義直《よしなお》・義重《よししげ》、甥の胤長《たねなが》が処罰を受けるが、この処分に義盛が憤慨し、これが和田の乱の引き金となる。和田義盛は、三浦一族の惣領格であり、また侍所別当《さむらいどころべっとう》に任命される幕府屈指の有力者であり、幕府を二分する大規模な合戦となった。

同年の五月二日・三日にわたる鎌倉を舞台とした合戦では、和田一族が北条義時の征伐を大義として幕府を攻撃し、将軍実朝の身柄の奪取を目指すとともに、北条義時邸と幕府の首脳である大江広元邸を襲撃した。ここで和田方にとって慮外《りょがい》であったのは、味方すると約束していた三浦義村《よしむら》の裏切りであり、義盛の挙兵を北条へ知らせ、敵対したのである。この義村の裏切りにより三浦一族は分裂し、総兵力に劣る和田勢は、徐々に攻め疲れて将軍奪取をあきらめ、由比ガ浜《ゆいがはま》に退いた。

由比ガ浜で一夜を明かし翌日三日になると、和田義盛と姻戚《いんせき》関係にある武蔵の有力武士団である横山党が援軍に加わり、再び活気付くが、将軍実朝を確保している北条方は、義盛追討を命じる将軍の御教書《みぎょうしょ》を発し、相模・伊豆など関東周辺から援軍を集め、和田勢を追い詰めていった。若宮大路《わかみやおおじ》など鎌倉市街を舞台とした大規模な衝突は、終日続いたが、ついには和田方は総崩れとなり、義盛も討ち取られる。

この乱の引き金となった泉親平の乱では、多くの信濃御家人が乱への関与を疑われていたが、この合戦では、意外というべきか北条方に与した武士が多く確認されている。『吾妻鏡』建保元年（建暦三年・一二一三）五月六日条に載せられた「合戦にて討たれた人々の日記《にき》」では、信濃の武士らしき「いなの兵衛・泉六郎・海野左近・たか井の兵衛・殿岡五郎・与田小太郎」が北条方としてみえる。前掲『尊卑分脈』中の公信《きんのぶ》の注記には「泉六郎　建暦和田義盛合戦の時、御方として討死す」とあるので、『吾妻鏡』にみえる「泉六郎」はこの公信に比定される。兄弟の泉親平・安念は謀叛人として北条氏から追捕されているが、弟の公信は北条方として戦死しているという皮肉な結末である。

兄弟で対立のあった結果、一方は北条方へ、もう一方は反北条へついたとも考えられるが、前述の中野能成と同様、スパイ説も考えられよう。泉親平は、事件発覚後、発見されたのが鎌倉の真中の違橋（筋替橋）付近というのも不思議であるし、また結局、逮捕されることもなかった。もちろん、これも真相は謎である。

承久の乱と仁科氏

和田義盛の乱の後、北条義時は、義盛の侍所別当の職を自身のものとし、尼御台所北条政子・宿老《しゅくろう》の大江広元と密接に連携して幕政を掌握した。三代将軍実朝は、藤原定家《ていか》と交流し『金槐和歌集《きんかいわかしゅう》』という和歌集を編集したり、渡来僧の陳和卿《ちんなけい》に命じて鎌倉で唐船を建造し、中国へ渡航しようとしたりと、政治よりも芸術・学問に興味をもっていたようだが、成長し長く将軍の座に就いていると自然と政治力も備わってくる。

特に実朝は妻信子を介して後鳥羽天皇と姻戚関係にあり、文芸面での関係なども背景として、急速に官位を上昇させた。これは後鳥羽院の「官打《かんうち》」、すなわち官位を身分不相応に高めて、その人物を滅ぼす手段ともいわれるが、やはり院と実朝の連携による部分が大きいだろう。しかしそれが官打と呼ばれるのは、実朝が右大臣に任じられ、その拝賀《はいが》のために鶴岡八幡宮へ参詣し、その帰路、甥《おい》にあたる兄頼家の子、公暁《くぎょう》に暗殺されたことが大きい。この将軍実朝暗殺を契機として、朝廷と幕府の関係は急速に冷え込んでゆき、ついには承久の乱という、朝廷と幕府の軍事対決へと帰結してゆくのである。

承久三年（一二二一）五月十五日、後鳥羽院は、将軍の名を仮りて諸国に命令し、その威を輝かせる義時の行いは、既に朝廷に対する敵対行為であるとし、その追討を全国へ命令した（同日付官宣旨《かんせんじ》『大日本史料』四―一五）。

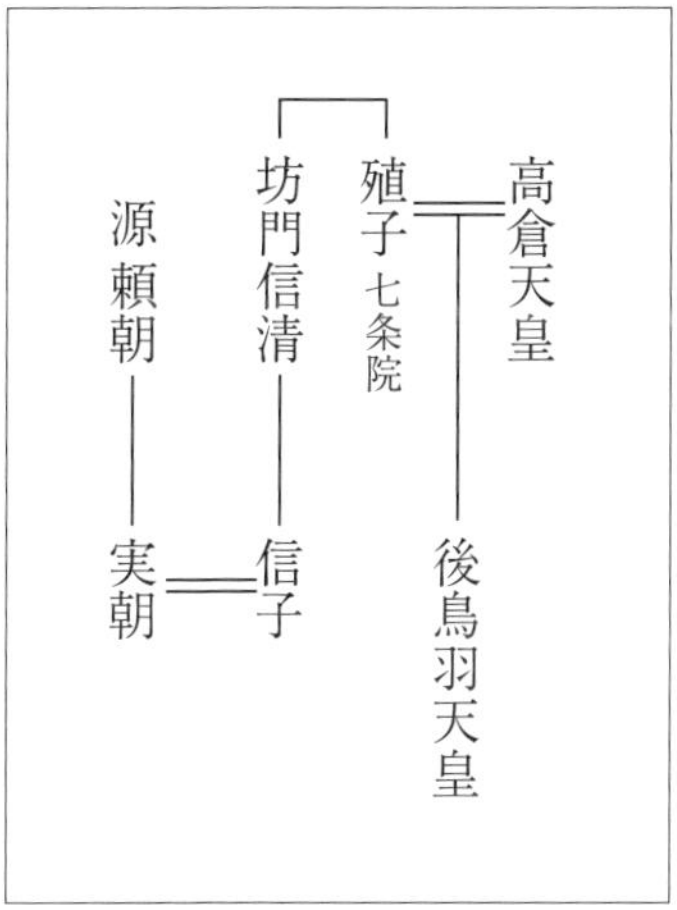

後鳥羽院・源実朝関係図

この倒幕のきっかけについて『吾妻鏡』では、後鳥羽院の寵愛していた舞女亀菊《まいじょかめぎく》の要望により、摂津《せっつ》長江《ながえ》・倉橋両荘の地頭職を停止するように命じたところ、北条義時は、源頼朝の代に勲功の賞として補任した地頭であり、それを理由もなく止めさせることはできないと拒否したことに後鳥羽院が激怒したからとする（承久三年五月十九日条）。

これが最も有名な倒幕の契機とされる事件であるが、この他、古活字本『承久記』『承久兵乱記』（『史料』三）には、安曇郡仁科御厨の仁科盛遠が承久の乱の勃発に関わったという逸話を載せている。すなわち、盛遠は信濃の住人で、一四、五歳でまだ元服前であった子供を連れ、宿願《しゅくがん》があって熊野へ参詣していた。その道すがら同じく参詣に来ていた後鳥羽院と出会い、院は「清げなる童であるな。召し使おう」と言って、その子を西面の武士にとりたてた。これを聞いた北条義時は、幕府に仕えていながら無断で子供を院へ奉公させるとは不届《ふとど》きだとして、所領二ヶ所を没収してしまった。盛遠はこれを院に嘆き申し上げ、院はその撤回を義時に命じたが拒否された。こうした経緯に院がひどく憤ったことが、乱の要因の一つであったとする。

仁科盛遠の父盛家は、後述するように治承三年（一一七九）に「藤尾の観音さま」こと藤尾（八坂村）覚音（園）寺の千手観音を造立しており、この頃すでに中央の文化を安曇郡に導入していた。また義仲が上洛すると洛中警固役《らくちゅうけいこやく》に任じられている。子息が院西面の武士に抜擢されているといった、承久の乱にまつわる逸話が生じたことも、こうした伝統的に中央との関係の深い一族であったからであろう。

承久の乱と信濃武士

後鳥羽院は五月十五日、北条義時追討の宣旨を発して討幕の兵を挙げた。この情報はすぐさま鎌倉へ伝えられ、十九日には幕府の知るところとなる。『吾妻鏡』『承久記』などでは、この時、北条政子が幕府の始祖頼朝の恩恵をあげ、心を一つにして敵にあたるべきことを説いたとする。この演説によって御家人は涙を流して幕府への忠誠を誓うのである。

早速、幕府では作戦会議が開かれ、京都軍を足柄・箱根の関で迎え討つか、上洛軍を派遣するかで議論となったが、結局、大江広元の積極論が通って軍勢を上洛させることになった。軍勢を東海・東山・北陸道の三手に分かち、東海道軍は北条義時・同泰時らを大将とする一〇万余騎、東山道軍は武田信光・小笠原長清らを大将とする五万余騎、北陸道軍は北条朝時・結城朝広らを大将とする四万余騎と定められ、同月二十二日から二十五日にかけて出陣した。

五月十五日、院挙兵の当日の朝、真っ先に血祭りにあげられたのが、京都守護として在京していた伊賀光季である。光季は京方《きょうがた》（後鳥羽院方）に与するよう再三、誘われたがこれを拒否し、京方の最初の標的とされた。古活字本『承久記』では、その伊賀光季軍中に「片切源太・大助（太郎か）・又太郎」がみえる。光季は倒幕軍がひしめく京都にあって、孤軍、幕府方の立場を貫いていた。そのため多勢《たぜい》に無勢《ぶぜい》、光季の手勢は一人落ち、二人落ちして次第に数を減らしていったが、残った二七人のうちの三人が片切源太以下であった。

片切氏は伊那郡片切郷を名字の地とする清和源氏満快《みつよし》流で、『尊卑分脈』によると長清の子長頼の注記に「片切源太　承久乱関東方、同三年五月、京都において討たる」とあり、古活字本『承久記』にみえる片切源太は、この「長頼」に比定されよう。なお、その子為頼の注記には「父討死の賞により、美乃（濃）国彦次郷を賜る」とみえ、長頼以下の忠孝は報われたようである。

また攻める京方軍中にも寄せ手の大将三浦胤義《たねよし》の手の中に「信濃国ノ住人志賀五郎」がみえ、黒葦威《くろかわおどし》の鎧・葦毛《あしげ》の馬に乗り、真っ先に光季の陣へ駆け込んでいる。志賀《しが》は佐久郡志賀郷（佐久市）の武士であろう。

大妻兼澄と大井戸の合戦

六月五日、武田・小笠原の率いる東山道軍は、美濃の木曾川の渡河点である大井戸《おおいど》（岐阜県可児《かに》市）で京都軍と衝突する。古活字本『承久記』では、東山道軍の信濃武士として小笠原次郎（長清）親子七人・諏方小太郎（信重）・星名（保科）次郎親子三人・有賀四郎親子四人・望月小四郎・同三郎・祢津三郎・千野六郎・海野左衛門尉などがみえる。同本には武田軍に属した信濃住人千野五郎《ちのごろう》・河上左近《かわかみさこん》と同国の住人大妻太郎兼澄《おおつまたろうかねずみ》との戦いが描かれている。千野五郎・河上左近の名乗りを聞いた大妻兼澄は、「真《まこと》に千野五郎であるならば、我が一門であり、五郎は諏訪大明神に免じて許してやろう」と言って河上左近のみを射落とした。千野五郎は、これに臆さず木曾川をおし渡ってきたので、兼澄は「千野五郎は大明神の加護があるので、馬を射よう」と、五郎の乗馬の馬具の無いところを狙い射て、馬を倒し、五郎が徒歩立ちになったところを郎党らに討ち取らせた。

大妻兼澄の武勇、ことに弓矢の芸に優れていたことを讃《たた》える逸話といえようが、大妻氏は神氏の出で、本貫地は安曇郡大妻郷（松本市）とされる。同郷は皇室領住吉荘に含まれており、承久の乱当時の本所は後鳥羽院であり、大妻氏は同荘の荘官であることから京方に動員されたのではないかとされている(『講座日本荘園史』五、吉川弘文館、一九九〇年)。なお、後の宝徳《ほうとく》三年(一四五一)、大妻南方が諏訪大祝《すわおおほうり》に安堵されており、同地が諏訪社領であったことがうかがえる(同年十月五日小笠原宗康安堵状『史料』八)。

千野は諏訪郡千野が名字の地と考えられる。木曾義仲の滅亡にあたって、その四天王の一人樋口兼光の配下に諏訪上宮の住人千野(茅野)太郎光広がみえ、千野氏も神氏の出で千野(諏訪郡、現茅野市)周辺を領する武士として戦国時代まで続き、武田信玄に滅ぼされた諏方頼重の重臣となっている。幕府軍として従軍している千野五郎もこの一族であろう。

幕府軍と京都軍との戦力の差は歴然としており、やがて京方は大井戸の陣から大豆戸《まめど》の陣へ後退するが、大妻兼澄は深手を負ってこれ以上の戦闘は不可能と悟ると、味方に「自分は敵に姿を見られないように山に身を隠し自害しようと思う。もし京方が勝利したら、二歳になる男子が京にいるので、それに恩賞が授けられるように取り計らってもらいたい」と遺言し行方をくらましたという。

春日貞幸と宇治川の合戦

木曾川を前にあてた京方の防衛線を突破した幕府軍は、六月十三日、近江国野路《のじ》にて二手に分かれ、北条時房《ときふさ》軍は勢多へ、北条泰時軍は宇治へ向かい京都を目指した。『吾妻鏡』によると、翌日十四日、泰時軍は宇治川を越えて入洛しようとするが、折り悪く前日の雨で増水していた。しかし川を渡らなければ京都へ突入することができない。泰時の命を受けた春日貞幸《かすがさだゆき》らが、渡河できそうな浅瀬を探しに出るがなかなか見つからない。数町を経て渡河を試みるが、敵に騎馬を射られて馬もろとも川に没してしまう。その時、貞幸は心中に諏訪大明神を祈念し、腰刀で鎧・小具足《こぐそく》を切り離してなんとか浅瀬に浮かんだところを、水練《すいれん》の郎従に助けられた。しかし貞幸の子息・郎従ら一七人が水没するという大きな損害を出してしまう。

その後も幾度となく渡河を試みるものの損害が出るばかりで、どうにも渡河できない。渡河し宇治川の陣を突破できなければ合戦に敗れると判断した泰時は、総攻撃を命じ、自身も決死の覚悟での川の端《はた》に進む。これを見た春日貞幸は、自身が水没した経験から泰時を止めようとするが、ただ止めても聞かないだろうと思い策を練る。すなわち、渡河しようとする泰時へ、甲冑を身に着けていては水に没してしまうので、脱ぐのがよろしいでしょうと勧め、泰時が下馬して甲冑を脱いでいる間に、その乗馬を隠してしまった。このため泰時は意図せずして危険な渡河を回避できたという。

この北条泰時と春日貞幸の主従譚《たん》には前段がある。すなわち『吾妻鏡』承久三年五月二十六日条によると、信濃武士の春日貞幸は、本来、東山道軍の大将武田・小笠原について従軍するはずであったが、契約があると称して東海道軍の北条泰時の宿の手越《てごし》駅に参じたという。泰時と貞幸の約束が本当か否かは不明だが、諏訪氏や中野氏など、信濃武士で北条被官《ひかん》となるものが多く、春日貞幸もそうした北条氏の被官的な存在であったものと想定される。

春日氏は佐久郡春日(望月町)を名字の地とする神氏一族とされる。嘉暦四年(一三二九)の諏訪大宮造営目録に「春日」とみえ(『史料』五)、諏訪神社との関係が想定される。宇治川に沈みかけた時に、心中に諏訪大明神を祈念したとあるのは、これと関係しよう。

春日貞幸の他、古活字本『承久記』の宇治川合戦には「片切六弥太・弥藤太左衛門尉・飯島太郎」と信濃武士がみえる。飯島氏は片切氏の一族で、『尊卑分脈』の片切二郎大夫為綱に「信州岩間飯島祖」と注記がある。その本拠は、伊那郡片切郷のやや北の飯島（飯島町）であり、同族の岩間氏も『承久記』には「岩手（間）三郎親子」とみえ、飯島町内には小字岩間がある（『角川地名長野』）。

『承久兵乱記』によると、宇治川の合戦で六番目に打ち入った兵士らの中に、「いひしま（飯島）の三郎」がみえ、彼等三百余騎は宇治川に沈んだ。『百家系図』、『片切氏系図』（飯島紘氏蔵）によると、片切為綱の子為光は飯島太郎を称し、「承久関東方打死」とあり、その子為忠が飯島を継ぎ、為忠の弟為弘が岩間三郎を称している。

幕府軍は東海・東山・北陸三軍を合流させた後、野路にて再び泰時率いる宇治の手と、時房率いる勢多の手に分かれて京都を目指した。時房軍は勢多橋の陣へ突撃したが、その防御にあたっていた京方の兵の中に信濃武士の福地俊政《ふくちとしまさ》がいたことが古活字本『承久記』にみえる。幕府軍の一手、宇都宮頼業は勢多橋から一町ほど引き退いて、離れて戦況を見定めていた。ところが脱ぎ置いておいた兜に遠矢が突き刺さった。驚いてその矢を見てみると「信濃国住人福地十郎俊政」と書かれていた。福地は福地郷（伊那市）の武士と考えられるが、これもまた信濃武士の強弓を語るエピソードであり、信濃武士＝強弓というイメージの強かったことがうかがわれる。

承久の乱後

幕府軍は宇治・勢多の両陣を突破し六月十四日には京都へ突入する。直後より京方武士の探索、倒幕に関わった貴族とそれを首謀した後鳥羽院等の処分が行われ、後鳥羽院は隠岐へ、順徳院《じゅんとくいん》は佐渡、土御門院《つちみかどいん》は土佐へ配流され、一条信能《いちじょうのぶよし》・葉室光親《はむろみつちか》・源有雅《ありまさ》ら公卿は鎌倉へ送還される途中で処刑された。

京方に与した西国守護の大内惟信《おおうちこれのぶ》・佐々木経高《さ さ き つねたか》をはじめ三浦胤義・大江親広《ちかひろ》ら多くの御家人・武士が処分され、彼等の没収地は幕府方として戦功のあった御家人らに恩賞として給付された。これがいわゆる新補地頭《しんぽじとう》である。『通史』二で指摘される信濃武士で承久恩賞が確認される事例を掲げておく。

小笠原長経　阿波国麻殖保（徳島県麻殖郡）
源（大井）朝光　伊賀国虎武保（三重県）
中沢真氏　出雲国淀本荘（島根県簸川郡）

中野助能　筑前国勝木荘（福岡県北九州市）
保科政高　大和国檜牧荘（奈良県宇陀郡）
平林頼宗　豊後国毛井社（大分県大分市）
諏訪部助長　出雲国三刀屋郷（島根県飯石郡）
片切為頼　美濃国彦次郷（岐阜県）
奈古又太郎　不明
島津忠久　信濃国太田荘
赤木忠長　備中国穴田郷（岡山県高梁市）

赤木忠長《あかぎただなが》は筑摩郡赤木郷（松山市）を本貫地とする。赤木氏は赤木系図によると平良文系秩父氏で、赤木・白川・白姫の開発領主とされる（『角川地名長野』）。赤木忠長は承久の乱の恩賞として得た備中国川上郡穴田郷へ移住したが、その時に持参したという伝承のある赤韋威《あかがわおどし》の大鎧が現存し、国宝に指定されている。華美な装飾の少ない実用的なもので、実際に使用した雰囲気をただよわせている（口絵写真）。

また飯島氏は、承久の乱の戦功により出雲国三沢郷を賜り下向し、三沢氏を名乗ったとされる（『角川地名長野』）。

藤原定家の使者がみた信濃

前掲の承久の乱恩賞一覧は、現在知られているものであり、実際はさらに多数の御家人が西国などに所領を与えられたものと想定される。ただし新たに所領を得たからといってすぐに本拠を移すようなケースはあまりなく、元寇《げんこう》を契機として、その警固のために幕府から強制的に移住させられるまでは、東国の名字の地に留まる場合が多かった。それでも幕府は西国に多数の所領を得て、そこに地頭を置き、東国に限定的であった権威を、全国政権として実質的に展開させることとなる。また西国の統率機関として、京都に六波羅探題を設置し、朝廷の監視や西国の治安維持・裁判などを管掌《かんしょう》させる。

こうした幕府権力の拡大は、朝廷権力の相対的後退を促してゆき、それは地方にも確実に影響を及ぼしていった。安貞《あんてい》元年（嘉禄三年・一二二七）閏三月、『新古今和歌集』の編者として有名な藤原定家が、信濃国の国務の打診を受けて聞いたところでは、信濃国は国守だからといって尊敬されることはなく、それは鎌倉の将軍の近習として、昼夜側に仕えているような者たちが同国内には二〇〇人余りも居住しているからだ。彼等は現地では名主《みょうしゅ》として国領を支配していて、そのような面々は、必ずや国守の命令に背くであろうという（『明月記』同二十日条）。

また現地の状況を調べるため、使者を信濃に遣わした。その報告によると、道は皆険しく、里（後庁のある善光寺平付近のことか）の南西に更級《さらしな》里の姑棄山《うばすてやま》があり、浅間山は燃えて峰の石は焼け、昼は黒煙をあげ、夜は火が見え、大河の千曲川は国中をめぐっている。信濃国に南の端から入って北方に向かうに、善光寺まで六日間の道のりという。善光寺の近辺は後庁と号し、国の眼代《がんだい》（代官）たちが住んでいる。かつては広く温暖な土地であったが、承久の乱以後は知行国主の藤原隆仲《たかなか》の使者が検注しようとしても果たせず、百町の郷であっても収益は麻布《あさぬの》の類が二、三段にすぎない。信濃国全体がすべてこのようで、言うに足らざる状況である。国中は皆熟田《じゅくでん》なのに米穀の上納はなく、住民は豊かで潤っている。まさに末世の国務であり、収益は全くないということであった（『明月記』同年九月二十五日条）。

少々引用が長くなったが、鎌倉時代初期の信濃国の様子を語る史料はあまりなく、貴重な記録である。藤原定家の使者は千曲川沿いに移動し、浅間山、姑棄山（冠着山《かむりきやま》、戸倉町・上山田町の境）など、主に信濃東部地域を旅したようである。国衙の機能も後庁と称される善光寺平付近に存在し、そこに在庁官人が住居を構えて信濃国の国務を執行している様子がうかがえる。これは、あくまでも中央からみた地方の姿であるので、現地の在庁官人は猛将で国司に従わず、課税の基本となる検注も行えず、税も低く抑えられ、そのため現地の人々は非常に豊かだというが、真偽の程は定かでない。

しかし、定家はそれを承久の乱後に生じた事態と認識しており、ここに時代の画期を感じていることは確かであろう。鎌倉幕府という新たな権力体が確立し、地方有力者がそれに組織され、後ろ盾を得ているということは考えられよう。

滅亡と再生

鎌倉幕府にとって信濃国は、幕府の基盤とする関東の周縁であり、また畿内・京都への出入り口に位置づけられる。おそらくはそうした意味もあり、頼朝の代より幕府の積極的な介入が行われている。頼朝の時代にその尖兵《せんぺい》となったのは、比企能員であり、信濃守護兼目代となり、幕府の信濃支配を主導していった。比企氏と関係のある島津忠久が塩田荘を拝領したり、能員が後見となっている将軍源頼家の近習として、比企一族の他、中野能成・小笠原長経といった信濃武士が名を連ねているのはそのためであろう。

この比企能員が没落した後、信濃守護となるのが北条氏で、比企氏とむすびついていた信濃の武士たちも、いつしか北条氏とつながっていった。それは承久の乱での諏訪氏や春日氏の動向を振り返ってもらえればよいだろう。

信濃武士の中でも、より北条氏との関係が深かったのが諏訪社神主家の諏訪氏である。執権北条三代にあたる泰時は、承久の乱の後、大倉幕府から宇都宮幕府への移転、御成敗《ごせいばい》式目《しきもく》の制定、評定衆《ひょうじょうしゅう》の設置など、大胆な幕府改革を推し進め、幕府の実質を築いた人物である。諏訪盛重は、その泰時の側近として幕政をリードした。

北条氏嫡家《ちゃくけ》を得宗《とくそう》というが、その得宗家に仕えるものを得宗被官、あるいは家に仕える人の意味で御内人《みうちびと》といい、諏訪盛重などは、長崎・平氏などとならんで、その筆頭に数えられた。

泰時以降、北条氏は、徐々に権力を集中させ、いわゆる専制政治へと転じてゆく。それは霜月騒動《しもつきそうどう》・宝治合戦《ほうじかっせん》といった内紛に北条氏が勝利していったということもあるが、元寇や悪党問題など、強力な政治主導が必要とされていたという社会的な要因もある。そうした難局にあって、北条時頼《ときより》や時宗《ときむね》といった幕府の主導者を支えていたのが諏訪氏など得宗被官であったといえる。

しかし終焉は突如として訪れた。正慶《しょうけい》二年（一三三三・元弘三年）、再三倒幕を企てては失敗していた後醍醐《ごだいご》天皇が、楠木正成《くすのきまさしげ》・赤松円心《あかまつえんしん》などの力を借り、御家人足利高（尊）氏らの寝返り裏切りによって、京都の六波羅探題が陥落させると、まもなく鎌倉も新田義貞《にったよしさだ》軍の猛攻にさらされることになる。

諏訪氏も北条氏を支えて新田軍と戦ったが、ついには滅亡を覚悟しなければならなくなる。北条家の惣領たる高時の側近であった諏訪入道直性《じきしょう》は、他の被官らとともに、北条氏の菩提寺東勝寺《とうしょうじ》に籠もり、末期《まつご》の盃を三度あおると、高時の眼前で、「この死に様を送肴《おくりさかな》となさってください」といって、腹を十文字に掻《か》き切って、その刀を抜いて高時の前において果てた。やがて東勝寺は炎に包まれるのである。時に五月二十二日のことであった。

この高時の弟の泰家《やすいえ》に従っていたのは諏訪三郎盛高《もりたか》である。盛高は新田軍と散々戦って、主従二騎のみとなって泰家の元に戻ってきた。「もはやこれまで、死出《しで》のお供をつかまつります」という盛高に泰家は、当家の滅亡は、「兄高時の人望に欠ける振る舞いのためであり、北条家累代《るいだい》の功績がこれによって否定されたわけではない。いずれ再興の時が来よう。その時のために高時の子亀寿を隠し置いてくれ」と、北条家の再興を託した(『太平記』巻一〇)。

これに従った盛高は、亀寿(『梅松論《ばいしょうろん》』では「勝寿丸」)を諏訪社の大祝に預ける。やがて建武二年(一三三五)七月、遺児は北条時行《ときゆき》と名乗り、建武政権に叛旗を翻す。時行を擁し、鎌倉に攻め上ったのは、諏訪家嫡流にあたる諏訪頼重であった。これを中先代《なかせんだい》の乱という。この反乱はまもなく鎮圧されるが、これが契機となり足利尊氏は、建武政権に離反し、足利幕府の建設へと進むことになる。また信濃では諏訪氏を中心とした神党《みわとう》一揆《いっき》が、引き続き足利政権や、その尖兵たる守護小笠原氏と抗争を繰り返すことになるなど、南北朝内乱への大きな画期となった。

第Ⅱ部　信濃武士各論

第一章　信濃武士諸家

神《みわ》（諏訪《すわ》・祢津《ねづ》氏など）・金刺《かなさし》氏

諏訪社の祀神《さいしん》は建御名方神《たけみなかたのかみ》（命《みこと》）・八坂刀売神《やさかとめのかみ》（命）で、上社《かみしゃ》と下社《しもしゃ》の二社で構成されている。古くは狩猟の神であったらしく、狩猟に関わる神事が伝えられている。その他、農業神・いくさの神といった性格をもっている。

神主の大祝《おおほうり》の姓は、上社が神、下社の大祝は金刺である。両氏とも武士としては諏訪を称し、鎌倉幕府の御家人に列している。鎌倉幕府は諏訪社を崇拝し、信濃御家人の神役勤《しんやくごん》仕《じ》を徹底させた。また信濃御家人側も、精神的支柱・一揆《いっき》的結合の核として諏訪社を位置づけ、神党を形成し、一体的な軍事・政治活動を行った。彼等は、鎌倉幕府滅亡後には、信濃守護小笠原家・戦国大名武田氏と武力抗争を繰り広げている。

武士としての諏訪氏の活躍が最初に見られるのは保元《ほうげん》の乱である。義朝軍勢のなかに「諏訪」某がみえる（『参考保元物語』）。この頃には、すでに神主家が諏訪を名乗り、武士化していたことがうかがわれる。さらに源平内乱期には、土地柄、木曾義仲との関係が深く、同軍に属して横田河原の合戦に参加しており、『源平盛衰記』には諏訪上宮《じょうぐう》の諏訪次郎・千野（茅野）太郎、下宮《げぐう》の手塚別当・手塚太郎といった名前がみえる。

手塚氏は義仲の配下として特に高名である。義仲に属して上洛し、およそ最期の段階までつき従っていたらしい。覚一本『平家物語』では、粟津で義仲が今井兼平と主従二騎になる直前、手塚太郎（光盛）が討死、手塚別当（光賢）が落ち延びたとする。あるいは延慶本《えんぎょうぼん》『平家物語』では、粟津まで切り抜けた義仲主従五騎の中に、手塚別当とその甥手塚太郎がおり、やがて手塚太郎は落ち行き、手塚別当は討たれたとする。討死・逃亡の違いはあるにせよ、義仲の家人で重用されていた手塚氏がおり、それが諏訪社に関係する人物であったと説明されている。

『吾妻鏡』文治三年八月十五日条では、鶴岡八幡宮放生会《ほうじょうえ》の流鏑馬に際し、諏訪大夫（金刺）盛澄が流鏑馬の技量の程を示して御家人に採用される。盛澄は平氏の家人として在京し、流鏑馬などを勤めていた。そのため頼朝への参向が遅れてしまい、ひどく叱責さ

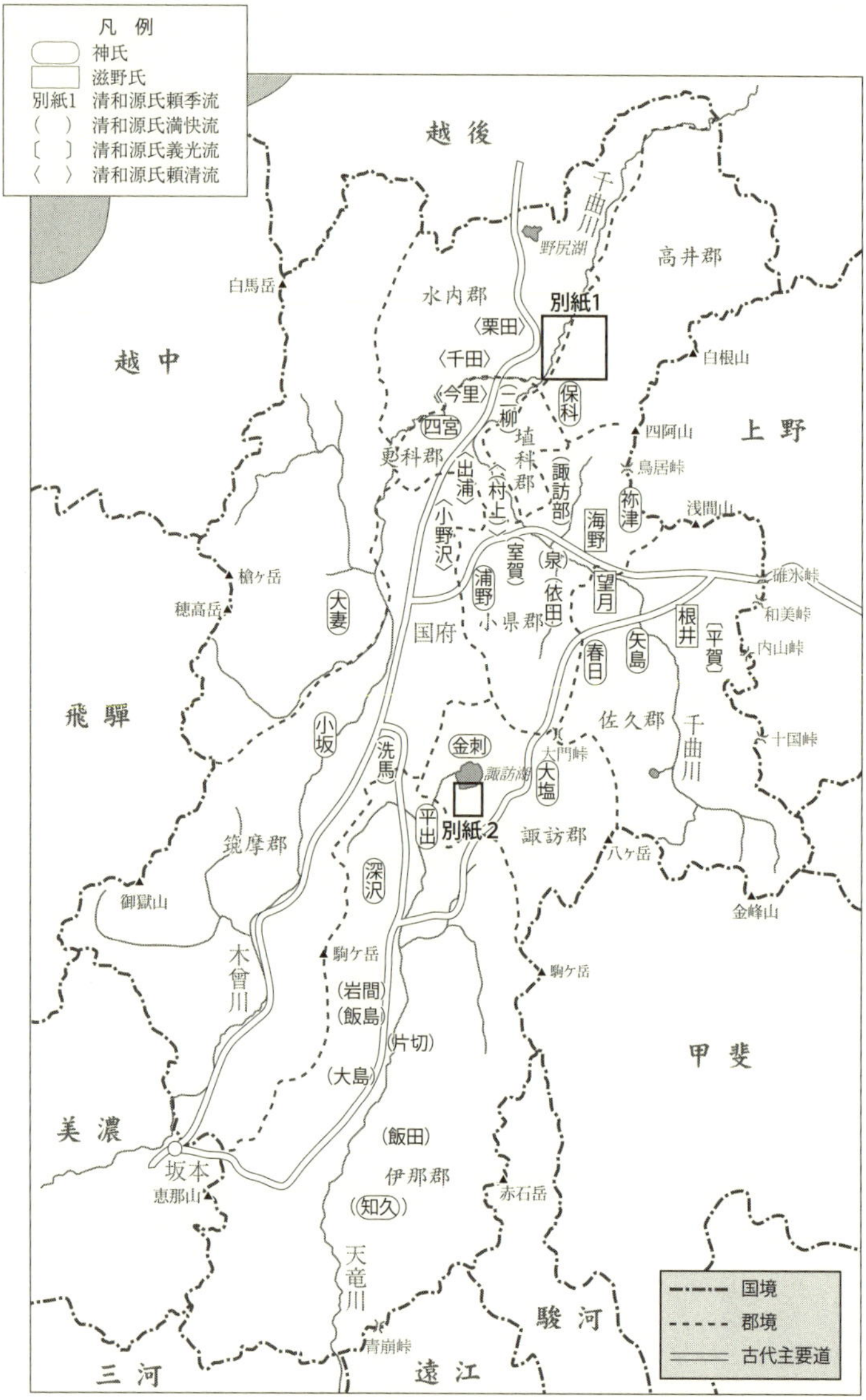
凡例
神氏
滋野氏
別紙1 清和源氏頼季流
（ ） 清和源氏満快流
〔 〕 清和源氏義光流
〈 〉 清和源氏頼清流
越後
越中
飛驒
美濃
三河
遠江
駿河
甲斐
上野
高井郡
水内郡
更科郡
埴科郡
小県郡
佐久郡
筑摩郡
諏訪郡
伊那郡
野尻湖
諏訪湖
千曲川
木曾川
天竜川
白馬岳
槍ヶ岳
穂高岳
御嶽山
駒ヶ岳
恵那山
赤石岳
八ヶ岳
金峰山
白根山
四阿山
鳥居峠
浅間山
碓氷峠
和美峠
内山峠
十国峠
大門峠
青崩峠
坂本
国府
別紙1
別紙2
〈栗田〉
〈千田〉
〈今里〉
〈二柳〉
〈村上〉
〈小野沢〉
〈出浦〉
四宮
保科
諏訪部
祢津
海野
望月
室賀
浦野
泉
依田
根井
〔平賀〕
矢島
春日
大妻
小坂
洗馬
金刺
大塩
平出
深沢
（岩間）
（飯島）
（片切）
（大島）
（飯田）
（知久）
国境
郡境
古代主要道

氏族別 武士分布図

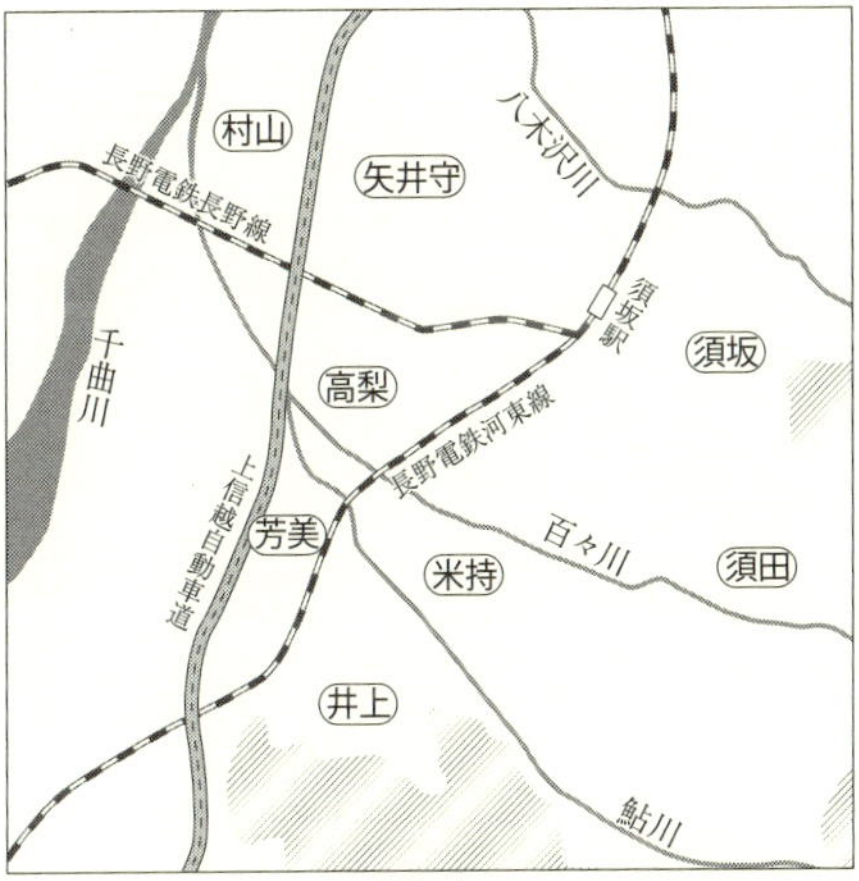

別紙1

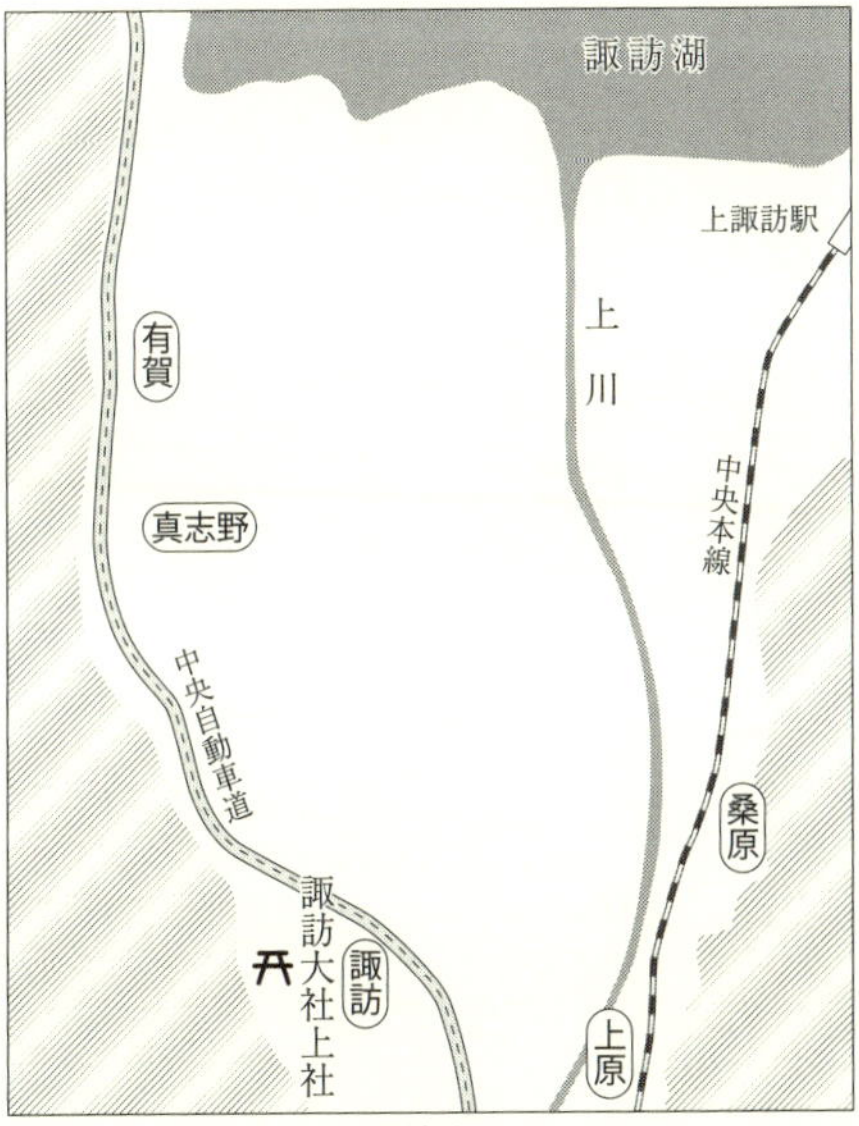

別紙2

れ、囚人として梶原景時に預けられた。しかし盛澄が伝授するところの藤原秀郷《ひでさと》の流鏑馬の秘訣が途絶えてしまうことを恐れた頼朝は、その芸を披露する場を設ける。盛澄はその期待に違わず、頼朝の厩舎《きゅうしゃ》一番の悪馬を乗りこなし、百発百中の妙技を披露し、頼朝の御《ご》感《かん》を得て罪を免じられ、御家人に列したのである。

『吾妻鏡』は盛澄を平氏の家人とし、義仲との関係には触れないが、『諏方大明神画詞《すわだいみょうじんえことば》』（以

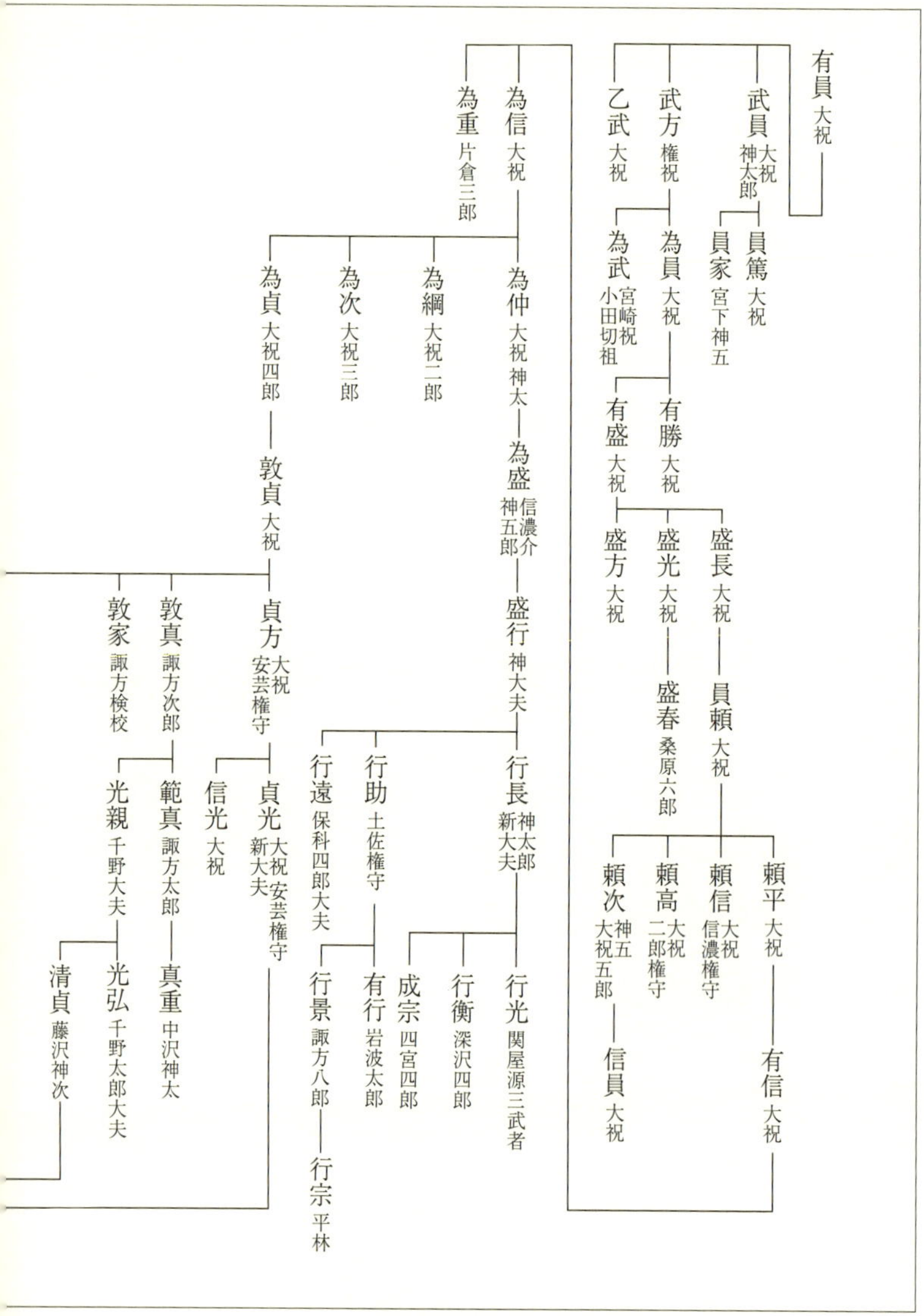

神氏系図(『古代氏族系譜集成』)

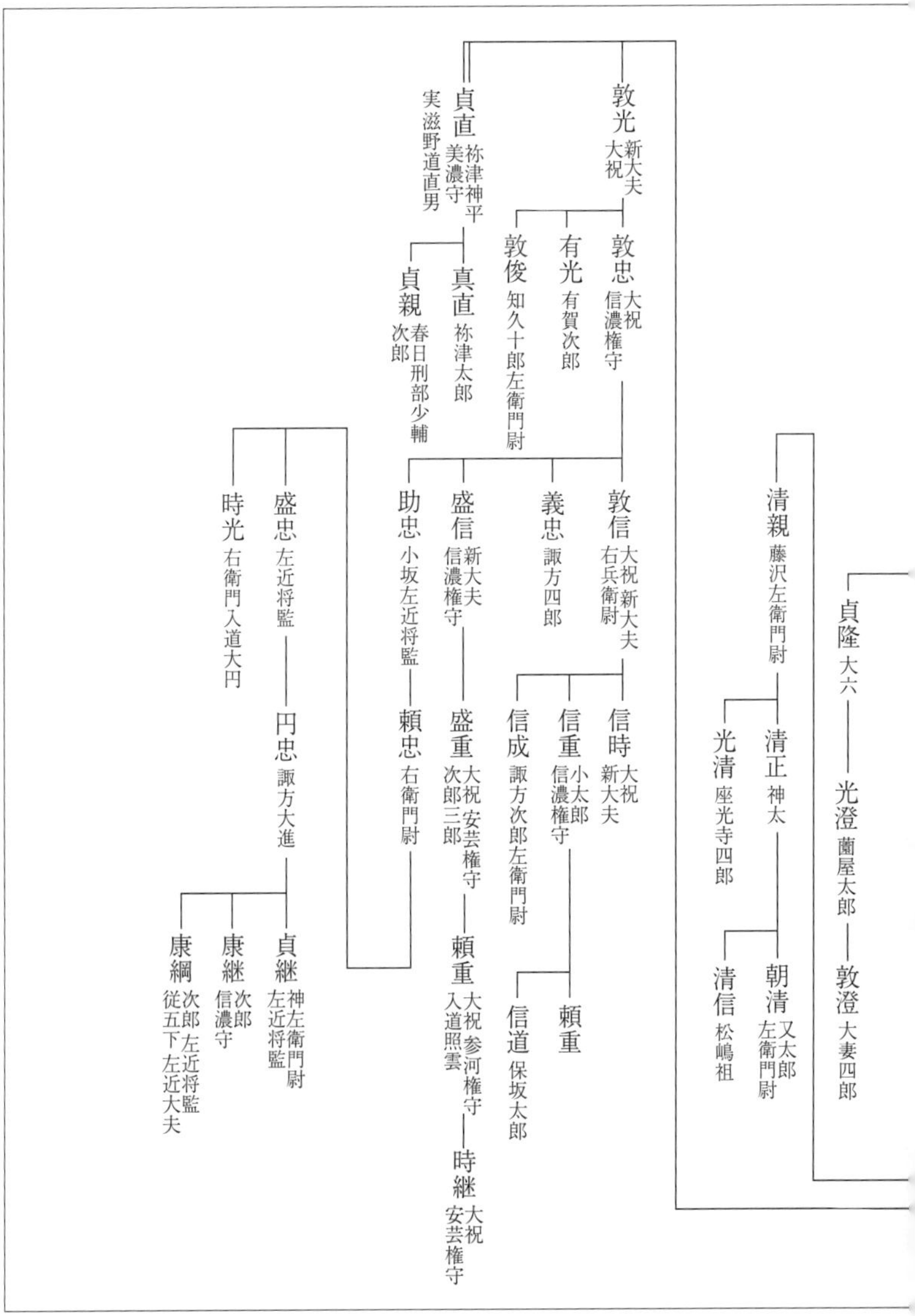

敦光 新大夫 大祝
貞直 祢津神平 美濃守 実滋野道直男
敦忠 大祝 信濃権守
有光 有賀次郎
敦俊 知久十郎左衛門尉
真直 祢津太郎
貞親 春日刑部少輔 次郎
敦信 大祝 新大夫 右兵衛尉
義忠 諏方四郎
盛信 新大夫 信濃権守
助忠 小坂左近将監
盛忠 左近将監
時光 右衛門入道大円
信時 大祝 新大夫
信重 小太郎 信濃権守
信成 諏方次郎左衛門尉
盛重 大祝 安芸権守 次郎三郎
頼忠 右衛門尉
円忠 諏方大進
頼重
信道 保坂太郎
頼重 大祝 参河権守 入道照雲
時継 大祝 安芸権守
貞継 神左衛門尉 左近将監
康継 次郎 信濃守
康綱 次郎 左近将監 従五下 左近大夫
清親 藤沢左衛門尉
清正 神太
光清 座光寺四郎
朝清 又太郎 左衛門尉
清信 松嶋祖
貞隆 大六
光澄 藺屋太郎
敦澄 大妻四郎

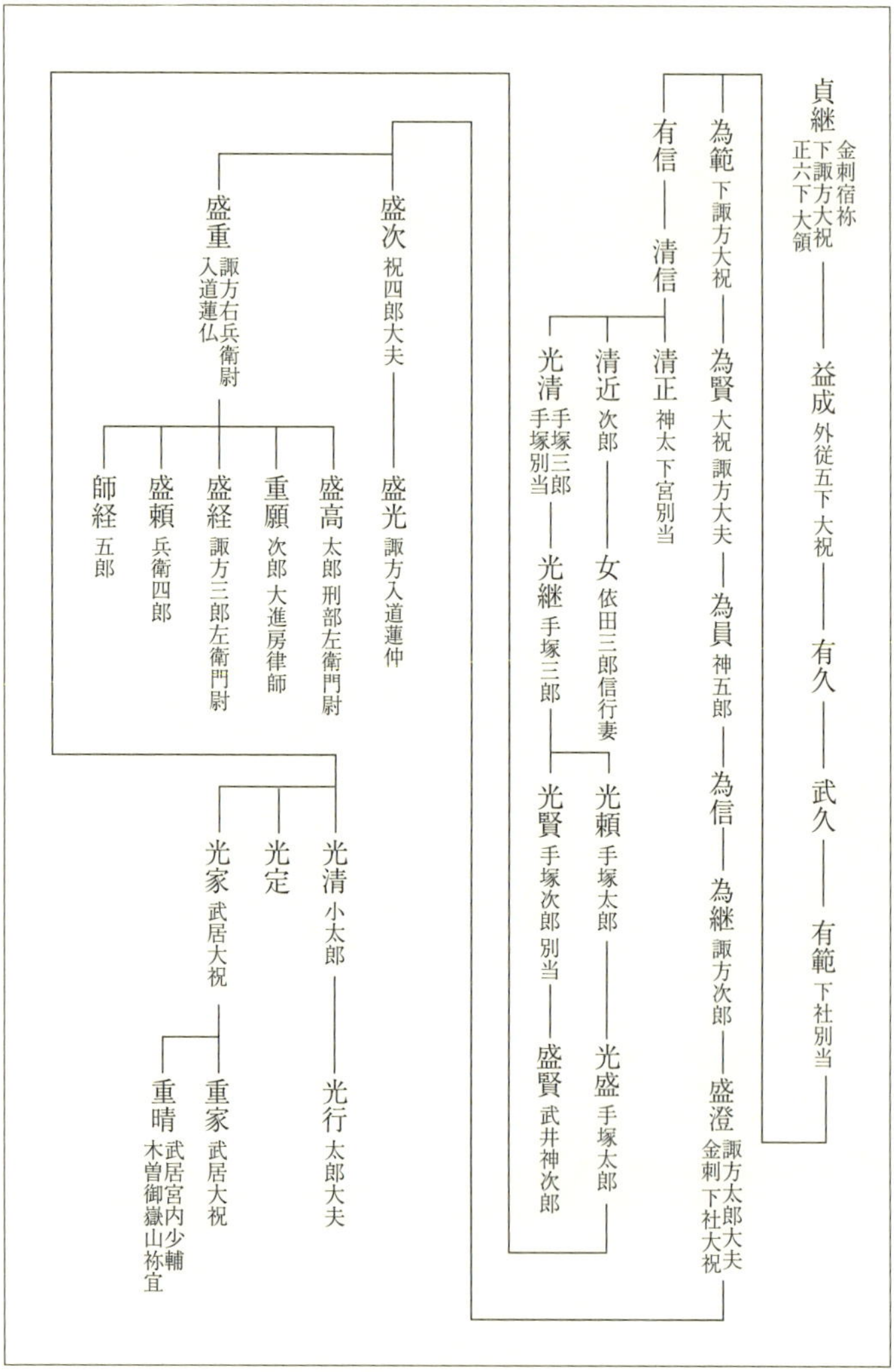
貞継 金刺宿祢 下諏方大祝 正六下大領
益成 外従五下 大祝
有久
武久
有範 下社別当
為範 下諏方大祝
為賢 大祝 諏方大夫
為員 神五郎
為信
為継 諏方次郎
盛澄 諏方太郎大夫 金刺下社大祝
有信
清信
清正 神太 下宮別当
清近 次郎
女 依田三郎信行妻
光清 手塚三郎 手塚別当
光継 手塚三郎
光頼 手塚太郎
光盛 手塚太郎
光賢 手塚次郎 別当
盛賢 武井神次郎
盛次 祝四郎大夫
盛光 諏方入道蓮仲
盛重 諏方右兵衛尉 入道蓮仏
盛高 太郎 刑部左衛門尉
重願 次郎 大進房律師
盛経 諏方三郎左衛門尉
盛頼 兵衛四郎
師経 五郎
光清 小太郎
光行 太郎大夫
光定
光家 武居大祝
重家 武居大祝
重晴 武居宮内少輔 木曽御嶽山祢宜

金刺氏系図（『古代氏族系譜集成』）

下『画詞』とする）では、「下宮大祝金刺盛澄」と義仲との深い関係に言及している。すなわち盛澄は弓馬の芸能は古今に比類なく神にも通じるほどであった。義仲を婿にとり、女子を産んでおり、親子の契りを結んでいた。寿永二年（一一八三）の夏の頃、北国までは義仲に従ったが、一族の手塚光盛を義仲の軍に留め置き、盛澄は御射山《みさやま》の神事のために帰国したとする。こうした義仲との深い関係を危惧した頼朝に捕らえられて梶原景時に預けられ、流鏑馬を試みるに、人力の及ばない程の妙技を示し、神職なるが故の技かと観る者はどよめいたという。これにより頼朝は諏訪社を信仰するようになったとする。

諏訪盛澄は『画詞』で「下社祝金刺盛澄」とされ、また『古代氏族系譜集成』（室賀寿男編、古代氏族研究会、一九八六年）所収『金刺系図』には「下社大祝」と注記されており、下社の祝であったと考えられる。

ともかく諏訪氏は、木曾義仲と強いつながりをもっていたため、逼塞《ひっそく》することになったが、それは一時的なもので、まもなく文治三年（一一八七）くらいからは、御家人として活動するようになったらしい。しかし諏訪氏が幕府とより密接な関係となるのは、執権北条氏の被官として重用されるようになってからであり、その契機が承久の乱であるとされる。

承久三年（一二二一）五月、後鳥羽院は諸国の武士に対し、義時追討の宣旨を発布し、北面の武士や西国守護・在京武士らを味方として武力蜂起するに至る。これを知った幕府側では、すぐに対応して鎮圧軍を派遣し、東海・東山・北陸道に分かれて京都をめざした。『画詞』によると、執権北条義時が諸国の兵に召集をかけたが、信濃はその随一だったという。当然、諏訪社へも出兵命令が出され、その対応に神氏一族は苦慮することになる。すなわち諏訪社の大祝は、「神体」として崇敬され、他に異なる重職であり、大祝の任にある間は諏訪郡を出ることなく、また厳重潔斎をして人馬の血肉を避けなければならない。さらに将来、大祝を継ぐべき人物は、予《あらかじ》めよくよく身を慎んできたのであり、保元・平治の乱、治承寿永の兵乱の際にも、祢津神平貞直・千野太郎光弘・藤沢左衛門尉清親といった庶子親類を遣わした。しかし今回は、君臣の争い、上下の戦いで神意が計りがたい。そこで神氏の一族は宝前で占いを行うこととし、速やかに発向すべしという結果が出たので、大祝盛重の従兄弟信重が出陣することになったという。盛重はこの後、北条泰時に仕え得《とく》宗《そう》（北条嫡家）被官として幕政の中枢を担っていくことになる。

祢津は小県郡祢津（東部町）を名字の地とする。その本拠は延喜式の左右馬寮《さうめりょう》の信濃国御牧一六牧の一つ新張《みはり》牧とされる。戦国時代には武田氏・真田氏に属し、東部町祢津の字古《こ》見立《みたち》（古御館）の祢津城に拠った。

大塩は諏訪郡大塩牧（茅野市）が名字の地とされる。『吾妻鏡』承久三年六月十八日条所収の六月十四日宇治橋合戦にて討死の交名《きょうみょう》中に「信濃大塩次郎」、同じく『承久記』では「大塩太郎」がみえる。大塩牧は『吾妻鏡』文治二年三月十二日条所収の「関東知行国《かんとうちぎょうこく》未済注文《みさいちゅうもん》」の中に「左馬寮領《さめりょうりょう》大塩牧」とみえる。大塩牧周辺は山浦とも称されるが、山浦は俗に「ヤマガ」とも読まれるので、延喜式の山鹿牧の後身とも考えられる（『角川地名長野』）。

浦野は小県郡浦野荘（郷）を名字の地とする。六条八幡宮造営注文に「浦野三郎」がみえる。応永《おうえい》七年（一四〇〇）の大塔合戦《おおとうかっせん》には、村上氏の配下として浦野氏が参戦しており、戦国期

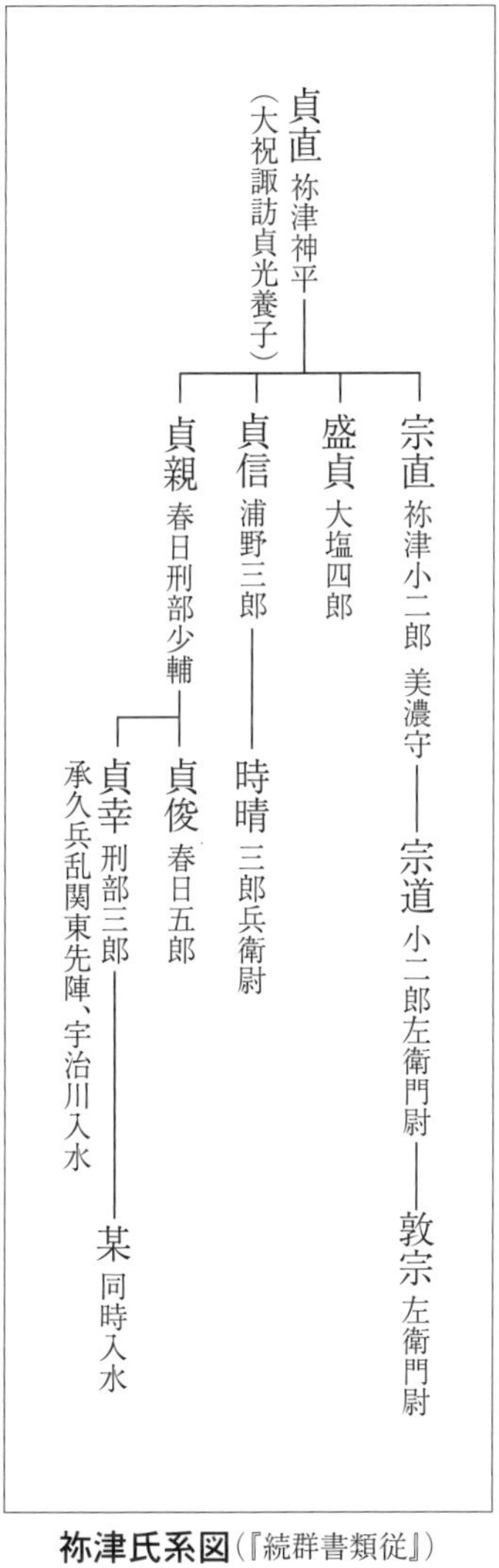

祢津氏系図（『続群書類従』）

には武田氏に属している。

春日は佐久郡春日（望月町）を名字の地とする。春日貞幸が北条泰時と近しく、被官的な立場であったことは、承久の乱で、本来貞幸が東山道軍に従うべきところ、泰時に従軍するために東海道軍へ参じたことからうかがわれる（第Ⅰ部第三章参照）。天文《てんぶん》十八年（一五四九）に武田氏に春日城を攻め落とされるまでは、同城に拠っていた。

滋野《しげの》氏（海野《うんの》・望月《もちづき》氏など）

滋野氏は東信濃の佐久・小県・諏訪郡に一族を蟠踞《ばんきょ》させている。紀伊国造の滋野宿祢《すくね》の後裔《こうえい》ともされるが、清和源氏系を称する系図を掲載した。なお『信州滋野氏三家系図』の名称は、海野・祢津・望月を滋野三氏と称することに由来する。

海野は小県郡海野荘（東部町）を名字の地とする。東部町本海野字大平寺が海野氏の館とされる。同地は千曲川河岸段丘上、古東山道を見下ろす交通の要衝《ようしょう》であり、付近に土井殿屋敷・北屋敷・大手・馬場坂などの地名がある。『吾妻鏡』建保四年十月五日条では、海野幸氏が上野国三原堺のことにつき、将軍実朝に直訴しており、海野氏が上野国へ進出していることがわかる。同仁治二年三月二十五日条では、海野幸氏と武田信光が、上野国三原荘と信濃国長倉保《ながくらのほ》の境界をめぐって相論し、幸氏の勝訴とされ、このため武田信光が憤慨して武力行使に及ばんとしたという記事がみえる。長倉保は、古代では長倉牧ともみえ、馬牧であったと想定される。三原荘もその地形や東山道に近いことから考えて馬牧の機能を有していたであろう。海野・武田はともに弓矢・乗馬の武芸に優れた御家人として名が知れており、それぞれ幕府から管理を命じられていたものと想定される。

祢津氏は前述した通り、滋野道直の子貞直が諏訪氏に養子に入っているので、神氏である。

望月は佐久郡望月牧を名字の地とする。木曾義仲の挙兵に加わり、南北朝期には諏訪・海野・祢津などとともに南朝方として活動した。戦国期にははじめ武田氏に属し、その滅亡後は真田氏に仕えた。

根井《ねのい》は佐久郡根々井郷（佐久市）を名字の地とする。義仲四天王の一人根井行親は、上洛してきた源義経軍と合戦して討死している。根々井の正法寺は同氏の館跡と伝えられている。

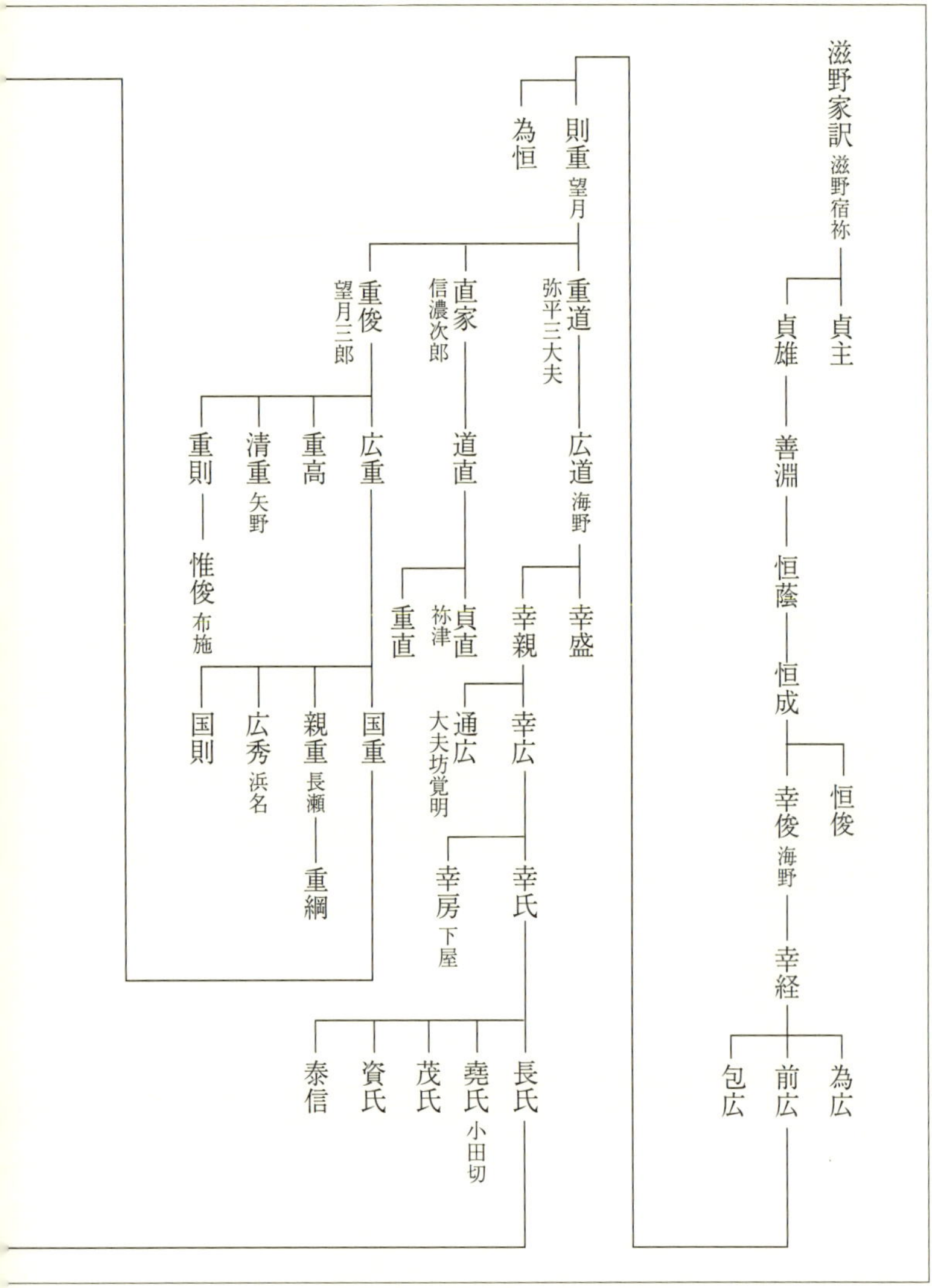

滋野氏系図（『古代氏族系譜集成』）

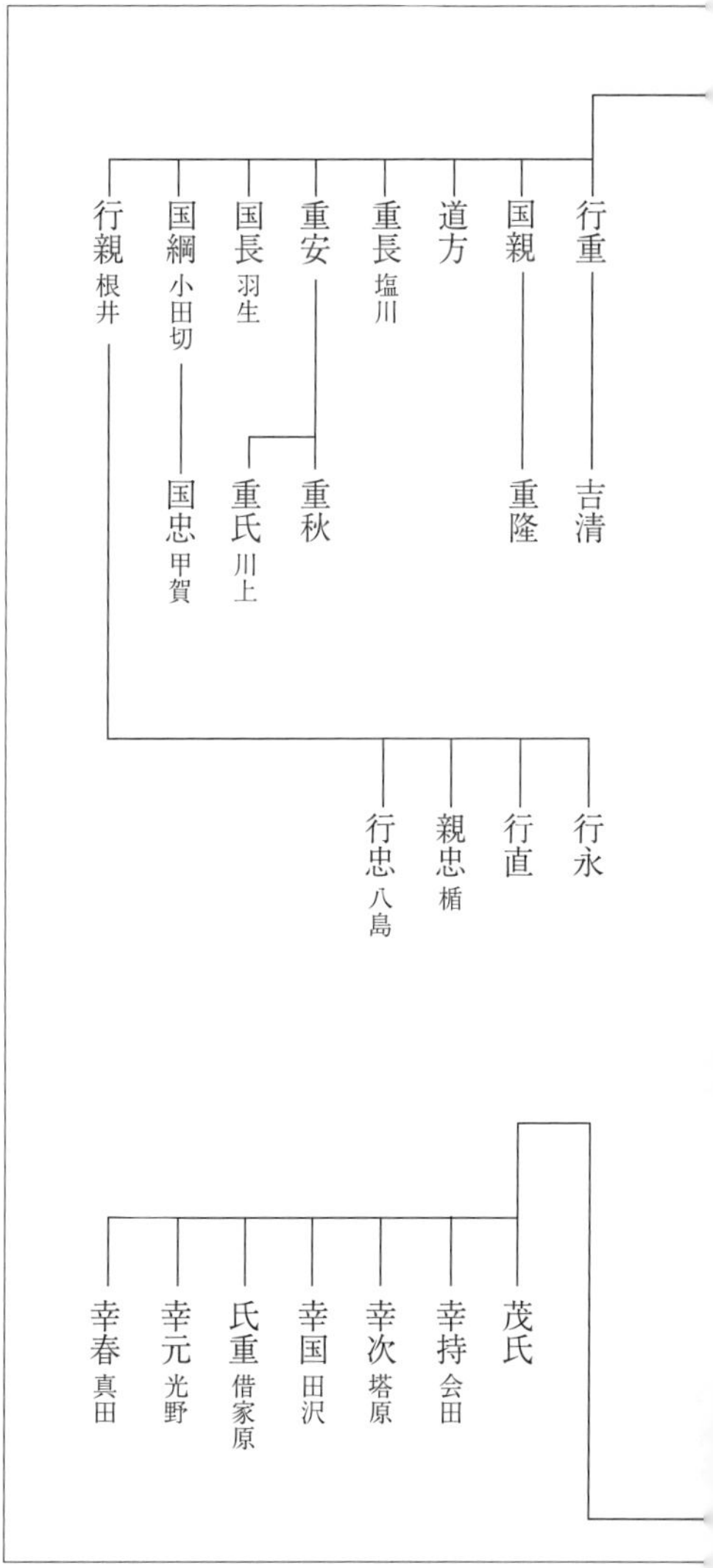

清和源氏頼季《よりすえ》流（井上・高梨・村山氏など）

清和源氏の頼信は河内源氏の祖であり、その子頼義・孫義家は、前九年《ぜんくねん》の役《えき》・後三年《ごさんねん》の役と奥州を舞台とする合戦を通じて東国武将を家人に組み入れ、武家の棟梁と呼ばれるよ

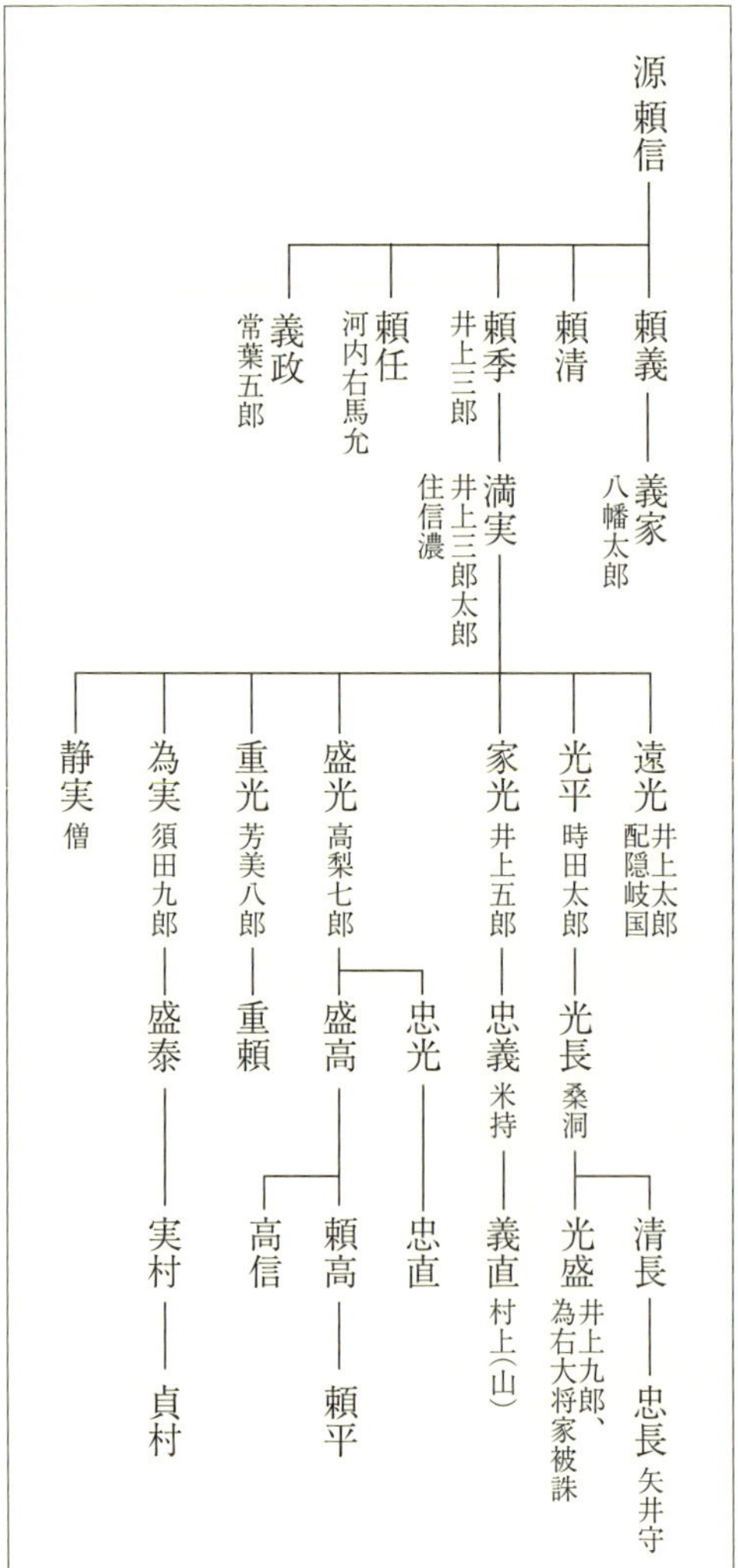

清和源氏 頼季流系図（『尊卑分脈』に高梨「高信」を加筆）

うになるが、その活動の拠点は京都であった。

京武者《きょうむしゃ》というスタンスの頼義―義家系に対し、頼季《よりすえ》系は信濃に土着する道を選んだ。頼季の子満実《みつざね》は、『尊卑分脈』の記述によると、信濃に住んで「井上三郎太郎」と称したという。年代的には頼義・義家の頃、平安時代後期ということになる。この満実の井上は高井郡井上郷とされ、現、須坂市の鮎川扇状地《せんじょうち》の氾濫原《はんらんげん》の南端部に比定される。その子らは時田・矢井守（八重森）・高梨・芳美《はみ》（実）・須田というように、井上周辺を名字の地とし、およそ須坂市内の百々川《どどがわ》・鮎川流域に蟠踞している。

本来はれっきとした河内源氏であり京武者の家柄であるが、それが何ゆえ信濃の須坂市地域に蟠踞したのであろうか。その理由はいくつか考えられる。一つは、芳実《はみ》（美）御厨の開発である。平安後期の貴族藤原宗忠《むねただ》の日記『中右記《ちゅうゆうき》』の長承《ちょうしょう》元年十一月四日条には、芳実の本領主の源家輔《いえすけ》（扶）なる人物が、伊勢神宮から資金を借りたが返済が滞ったため、その代価として神宮へ寄進して芳実御厨が立てられたという。芳実の比定地は未詳だが、井上一族中に「芳実」を名乗る者がみえるので、芳実の本領主の源家輔は井上氏の関係者ではないかと想定されている（井原08）。

おそらくは伊勢神宮関係者から借用した資金で芳実付近を開発したが、経営がうまくゆかないなど何らかの理由で、負債を所領の寄進というかたちで償却したのであろう。この芳実の場合はうまくゆかなかったのかもしれないが、芳実に限らず、満実一族が、鮎川・百々川流域の開発を手がけて、それを惣領制《そうりょうせい》的に分割相続していったことが考えられる。最終的に鮎川・百々川流域の開発が全体として成功したであろうことは、その地域に井上・須田・米持・須坂・高梨・村山・矢井守といった一族が展開していることから想定できる。

この開発に関連して、この土地には馬を生産する牧が存在したと考えられることも重要である。覚一本『平家物語』では、一ノ谷の合戦に敗れて沖の助け舟に乗らんとする平知《とも》盛《もり》は、その乗馬が優秀であったため命が助かった。この馬は元々後白河院の秘蔵の馬であったが、平宗盛の内大臣就任の祝いに賜り、それを知盛が預かっていたが、あまりの名馬であったので手放さずにいたという。この馬は「信濃国井上」産の黒毛であったので、井上黒と名付けられていた。このことから、井上郷が馬の牧であったことが知られる。河内源氏の一族が、井上に入部した理由は、この馬牧の存在なのではないか。当時、馬はたいへん高価で、贈答品としても重宝されていた。

この他、清和源氏頼季流が信濃を本拠とした件に関して、政治面からの指摘もある。『殿暦《でんりゃく》』天永元年(一一一〇)五月十九日条では、天皇呪詛《じゅそ》事件の審議が始められており、同七月六日条には「井上二郎光(満)実男僧、国家ヲ呪詛」の罪名が定められたとある。この天皇呪詛事件につき『百錬抄』天永《てんえい》元年七月二十日条では、この日、僧静実《じょうじつ》とその与党が配流《はいる》と定められ、それは藤原顕季《あきすえ》邸への落書《らくしょ》(告発文)がきっかけで、それに基づいて証拠が発見されたからと説明されている。『尊卑分脈』の満実の子静実の注記には、天仁《てんにん》三年

（一一一〇、改元して天永元年）に土佐国へ配流されたとし、その兄井上太郎遠光は隠岐に配流されたとあるが、『山槐記《さんかいき》』治承二年正月七日条には、天仁三年七月に謀叛により静実が、また閏七月には源満実《みつざね》とその子遠光《とおみつ》が強制移住させられたことがみえる。つまり井上源氏の宗家《そうけ》たる満実――遠光・静実父子が天皇呪詛事件に連座《れんざ》して処罰されているのである。

　この事件の背景には、中央政界、それも白河院近臣《きんしん》の藤原顕季、及び急速に院権力に接近しつつあった伊勢平氏の暗躍《あんやく》があったとされる（井原08）。静実とその与党が天皇を呪詛したという落書が投げ込まれたのは、藤原顕季邸であり、顕季は伊勢平氏とつながりが強く、平正盛《まさもり》を自分の知行国播磨の厩別当《うまやべっとう》とするなど、なにかと引き立てていた。この正盛の子正弘（貞）は、信濃国麻績御厨《おみのみくりや》・水内郡高田郷・同市村郷・安曇郡野（八）原郷など信濃東北部、芳実御厨に近隣する地域に多く所領を得ており、井上源氏と何らかの対立があって、そこで顕季――伊勢平氏という連携が機能して天皇呪詛事件＝井上源氏一族への弾圧が行われたのではないかとされる。

　何分、状況証拠のみではあるが、以仁王の令旨を契機とする全国規模での内乱が勃発してゆくなかで、木曾義仲の挙兵にいち早く反応して、反平氏の行動に出たのが村山義直《よしなお》であり（第Ⅰ部第二章参照）、横田河原の合戦で平氏の越後軍の迎撃に大きな役割を果たしたのが井上光盛《みつもり》であり、彼等が反平氏に極めて積極的であったのは、こうした数代にわたる伊勢平氏との対立によるのだろう。

『吾妻鏡』養和元年（治承五年）五月十六日条では、源頼朝より村山頼直が本知行所の村山・米用《よなもち》（持）の安堵を受けている。当時、義仲は信濃に健在なので、この安堵が史実なのか、また市村の合戦などにみえる村山義直と頼直が同一なのか、一族なのかも不明である。ただし、村山氏を頼朝が重視していたことは、ここからもうかがえるし、実際、村山義直は御家人となって建久元年（一一九〇）・六年（一一九五）の両度の頼朝上洛に随兵《ずいひょう》している。

高梨氏は、寿永二年（一一八三）五月の砺波山の合戦では、義仲軍七手の内のひとつとして北黒坂の手、七千余騎を率い、また上洛後、頼朝軍との戦いでは、宇治の守備に就いていることが『平家物語』にみえる。この後、「高梨次郎」なる人物が、建久元年・六年の上洛に随兵しており、幕府の御家人に採用されたようである。また、六条八幡宮造営注文には「高梨判官代跡」に五貫文《かんもん》が賦課されており、依然として幕府御家人としての活動がみられる。

須田氏としては『吾妻鏡』の建久元年の上洛の際に「須田小太夫」が、六条八幡宮造営注文に「須田太郎」がみえ、御家人となっていたことがわかる。

清和源氏満快《みつよし》流（依田《よだ》・片切氏など）

為公の子為衡は中津乗を名乗る。為衡の弟為扶は「伊那太郎」を称し伊那郡に入部したらしい。その子公扶は林を称する。中世地名として伊那郡に林郷（豊丘村）、筑摩郡に林（松本市）が確認されるが、本貫地は不明。その孫の公季《きんすえ》が「泉太郎」を称す。泉は筑摩郡和泉（松本市）ともされるが、小県郡小泉荘（上田市）内が妥当だろう。その子扶衡は「諏訪部《すわべ》太郎」と称す。諏訪部は小県郡内の千曲川の東岸、上田城の北側に比定される。『吾妻鏡』文永二年十一月二十日条には善光寺辺の警固《けいこ》の奉行として「諏方部四郎左衛門入道定心」がみえる。一族の泉親衡・同公信らが、和田義盛の乱に関わって『吾妻鏡』に散見される（第Ⅰ部第三章参照）。

為扶の子盛扶は室賀《むろが》を称する。室賀は小県郡小泉荘のうち。室賀氏は戦国期まで存続し、天文二十二年（一五五三）に武田に降る。上田市上室賀の原畑城は室賀氏の居館跡と伝えられる。同じく為家は芳美（実）を称する。芳実御厨は高井郡に比定されるが、関係は不明。一族に洗波・瀬橋がみえるが、「せば」と読み筑摩郡洗馬牧・洗馬荘（塩尻市・松本市）か。

- 清和天皇 — 貞純親王 — 経基王 — 満快 — 満国 — 為満 — 為公 信濃守 母河内守頼信女
  - 為衡 中津乗太郎 — 為貞 中津乗太郎 — 頼継 中津乗小太郎
  - 為扶 伊那太郎
    - 公家 伊那中太郎 — 扶実 林二郎、又野辺四郎
    - 公扶 林源二 — 扶次 林小太郎 — 公季 泉太郎 — 扶衡 諏方部太郎
    - 盛扶 室賀二郎 — 幸扶 諏方部二郎 — 扶高 諏方部四郎 — 扶頼 諏方部二郎
    - 為家 芳美次郎
      - 家扶 芳美検校大夫 — 扶俊 瀬橋四郎 — 輔頼 埴田太郎
      - 家清 洗波四郎 — 公光 埴田太郎 — 行光 松本彦太郎
    - 為実 飯田三郎 — 実信 飯田小太郎 小田佐那田飯間等祖
  - 為邦 村上源判官代 — 国高 二柳太郎 — 国忠 二柳三郎大夫 依二泰衡追討之賞一、賜二信濃国夏目村地頭職一畢、
  - 為実 依田六郎 — 実信 依田二郎大夫 — 信行 依田三郎
  - 為基 蔵人大夫 片切源八 — 為行 兵庫助 片切源八

清和源氏 満快流系図（『尊卑分脈』）

同じく為実は飯田を称す。やはり確定はできないが、伊那郡飯田郷（飯田市）か。

為公の子為邦は「村上判官代《ほうがんだい》」を称している。更級郡村上御厨を名字の地とする河内源氏の村上氏は高名であるが、満快流からも村上を称するものがいることになる。『尊卑分脈』中の河内源氏頼清流の祖顕清《あききよ》の子の為国《ためくに》は、「号村上判官代」とみえ、為公の子為邦と共通しており、実名の読みも「ためくに」で共通している。これらの点からして、為国と為邦が同一人物で、猶子《ゆうし》になるなど何らかの事情により、河内源氏系と為公系の両方に掲載された可能性を考える必要があろう。

村上為邦（国）の子国高は二柳太郎を称している。更級郡に二柳《ふたつやなぎ》郷（長野市）があり、同郷を名字の地としたらしい。為邦の弟為実は依田を称している。依田は小県郡依田荘（丸子町）であろう。『平家物語』などには木曾義仲に従っている依田氏が散見される。

為公の末子為基の子孫らは、伊那郡に蟠踞し南信濃源氏と通称される。片切氏は伊那郡片切郷（中川村）を領する。この片切氏は飯島・岩間・大島・名子・赤須・前沢・田島・小和田・飯沼・田切・上穂・宮田といった庶子を伊那地域に蟠踞させた（『長野県姓氏』）。

『吾妻鏡』建久六年正月十日条の頼朝の東大寺参詣供奉人中に「大島八郎」がみえる。『尊卑分脈』では片切景重の弟に「宗綱（大島八郎）」を掲げており、宗綱に比定されよう。

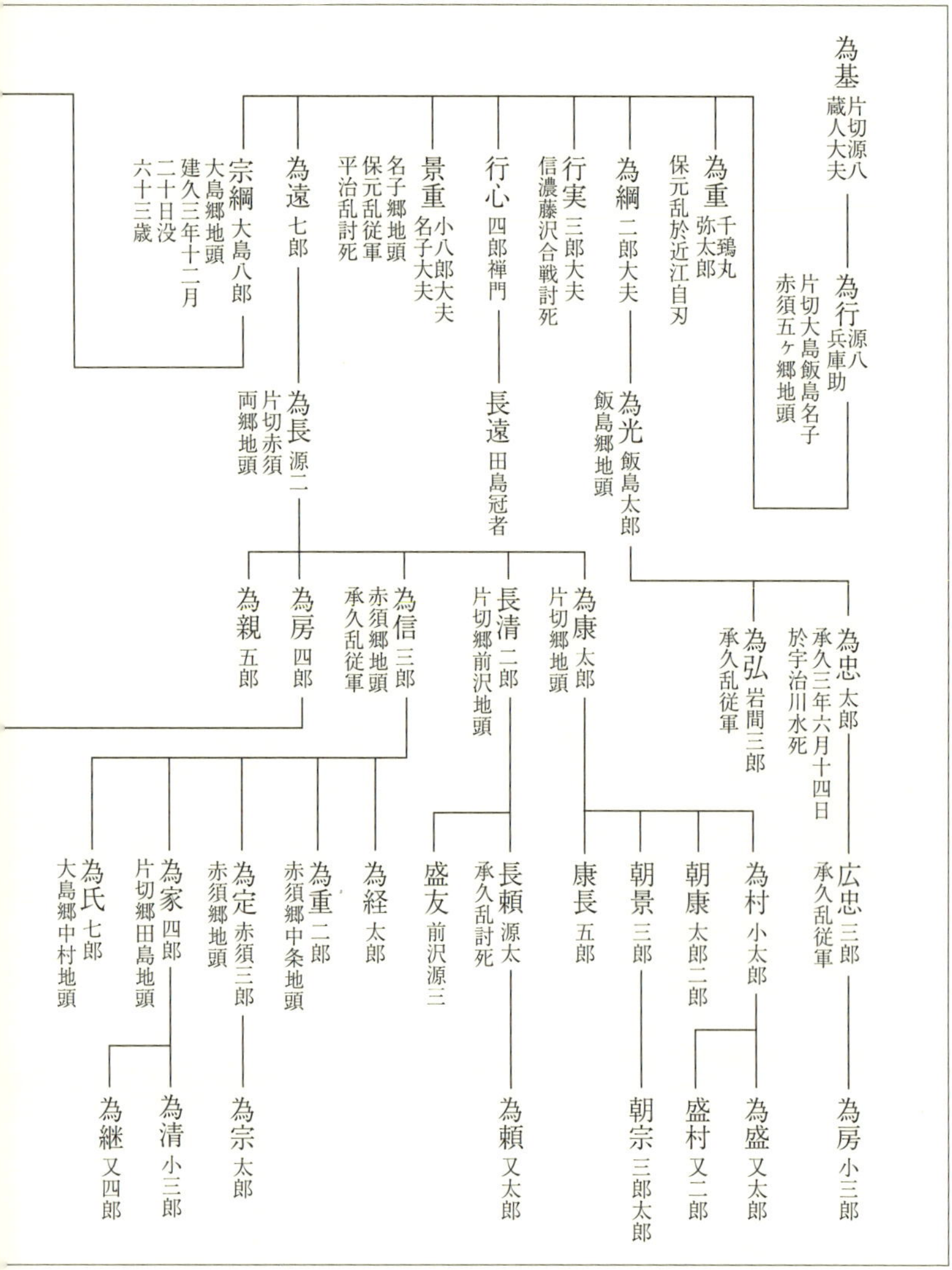

片切氏系図（『尊卑分脈』『百家系図』『片切氏系図』『大島嫡流家伝記』を基に作成）

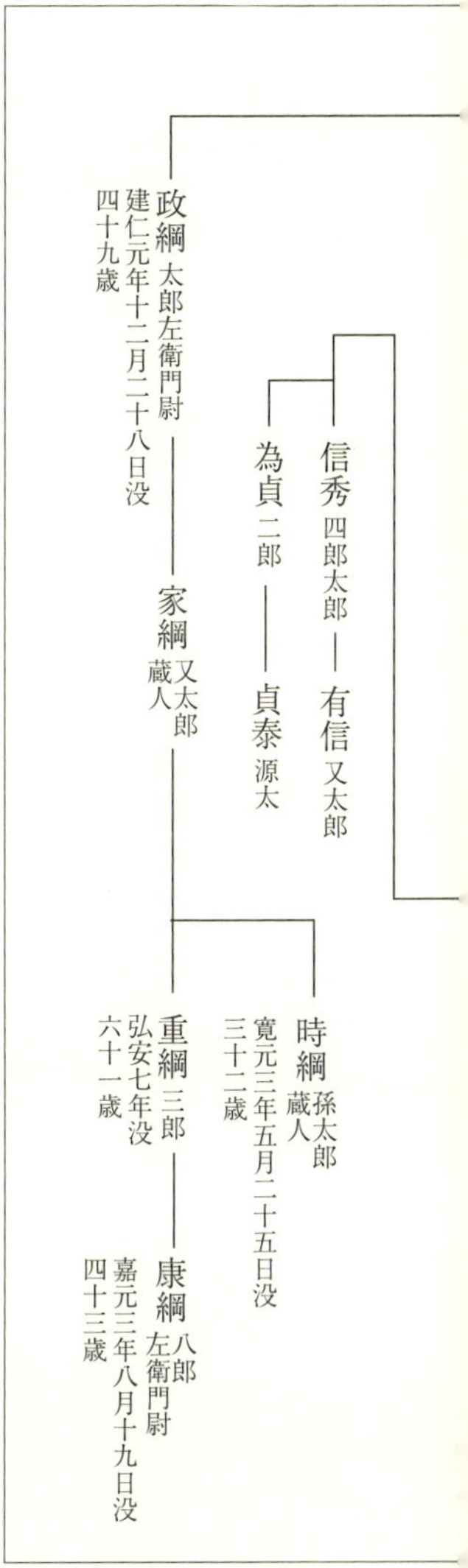

なお、右に掲げた系図を作成するに際しては、『尊卑分脈』が不十分なため、『百家系図』をもあわせ用いた。同書は、幕末期の系譜学者・鈴木真年《まとし》の手になるものである。真年は、栗原信充の弟子で、紀州徳川家の系図編纂事業に従事し、東京帝国大学の『大日本編年史』の編纂に携わった人物である。この業績は埋もれていたが、近年、宝賀寿男氏が見いだし、『古代氏族系譜集成』（古代氏族研究会）にまとめられている。宝賀氏が同書で述べている通り、『尊卑分脈』は、村上氏をはじめとする信濃源氏の記述に誤記が多く、信を置けない点が多いので、注意を要する。

清和源氏義光流（平賀・大内・岡田氏など）

源義光は河内源氏の惣領頼義の子、義家の弟にあたる。通称を新羅《しんら》三郎と称す。武勇に優れ、後三年の役で兄義家の苦戦を聞くと、朝廷の許可も得ずに下向し兄を助ける。義光は常陸介・甲斐守などの地方官への任官を通じて東国との関係を築いたようで、常陸の在庁官人の常陸大掾《ひたちだいじょう》氏と組んで同国に基盤を作り佐竹氏を生んでいる。同様に信濃にも進出しており、義光の子盛義は佐久郡平賀郷（佐久市）を領して平賀を称し、同じく親義は筑摩郡岡田郷（松本市）を領し岡田を称している。

平賀盛義の子大内（平賀）義信は、源義朝に従って平治の乱に参加し、鎌倉幕府が成立すると頼朝に源氏一門として重用される。元暦元年（一一八四）には武蔵守に推挙され、また文治元年（一一八五）九月、源義朝の遺骨を勝長寿院《しょうちょうじゅいん》に埋葬する際、頼朝は平賀義信・大内惟義・毛利頼隆《よりたか》といった義朝縁故《えんこ》の源氏一族のみを同院郭内《かくない》に入れ、他の御家人らは全て郭外に留めおかれたという（『吾妻鏡』同三日条）。平賀・大内が頼朝から源氏一門として、一般御家人とは区別されていたことがわかる。

平賀義信は年齢からか、源平内乱では戦場に出た様子はなく、子の惟義が一ノ谷の合戦などに参陣し、また伊賀守護人となって、頼朝の地方支配を支えた。ことに元暦元年七月、

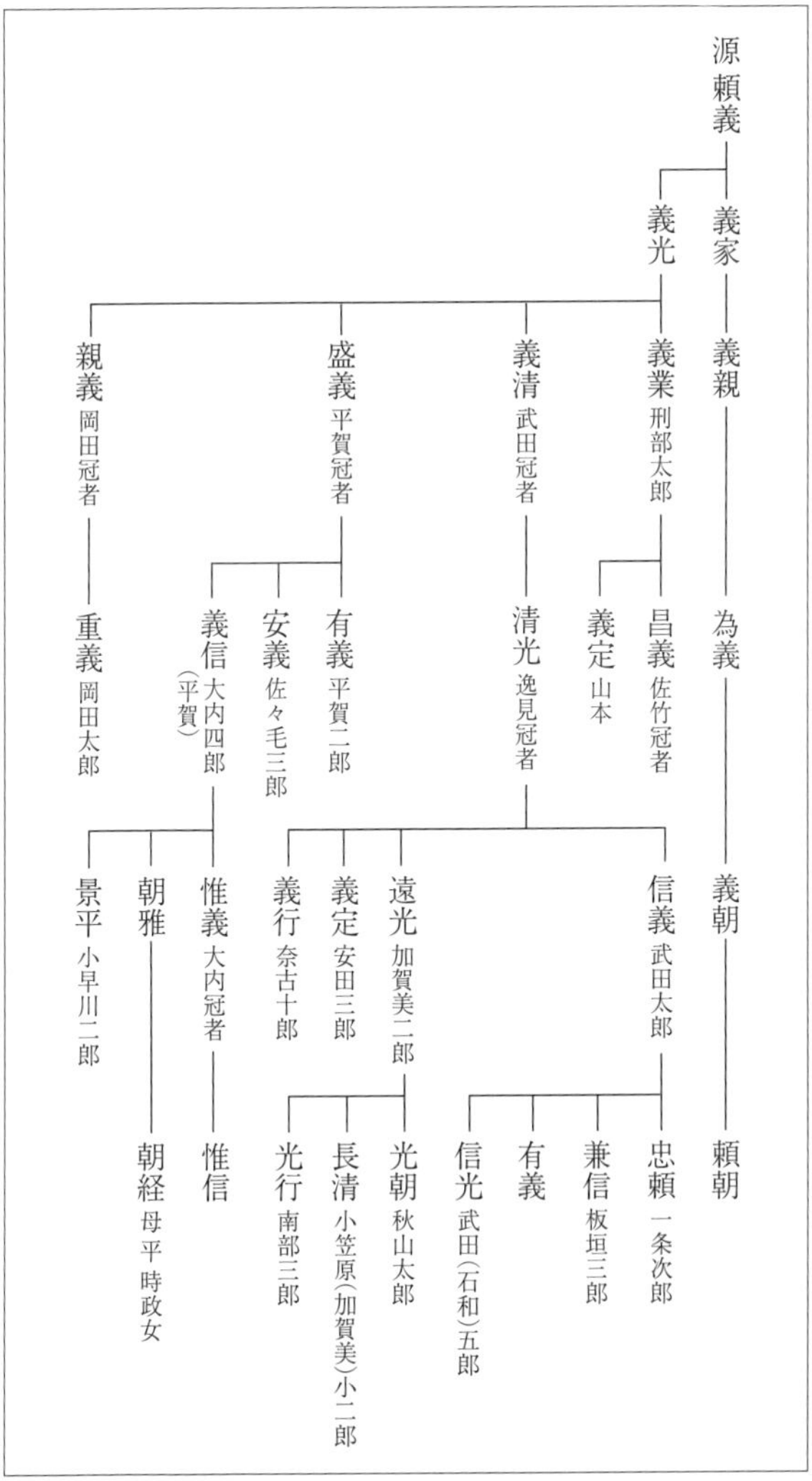

清和源氏 義光流系図（『尊卑分脈』）

伊賀・伊勢両国の旧平氏家人である富田家助《いえすけ》・平田家継《いえつぐ》が惟義の郎従を討ったことで戦乱が始まる。『玉葉』同年七月八日条には、「伊賀国は大内冠者《かじゃ》知行と云々、よって郎従等を下し遣わし、国中に居住せしむ」とある。富田・平田などは寿永二年(一一八三)の平氏の都落ちに従わなかった平氏家人であるが、平氏を追って上洛した義仲が滅亡し、頼朝勢力が本格的に入部して大内惟義による支配が開始されると、惟義の郎従らが伊賀に入部し、旧平氏家人たちと軋轢《あつれき》が生じるようになったものと思われる。そのため惟義郎従への攻撃というかたちで反乱が勃発したのであろう。

『吾妻鏡』元暦元年七月五日条の記す惟義の連絡によると「相侍《あいたの》むところの家人多く以って誅戮《ちゅうりく》」されたという。しかし、同八月二日条によると、七月十九日、近江の佐々木秀能・同義清の援軍も得て謀叛軍を鎮圧することに成功する。惟義はこの鎮圧の成功を軍功《ぐんこう》として申請するが、頼朝は「守護に補《ふ》したのは国の反乱を防ぐためである。それなのに家人を殺害されたというのは、日頃《ひごろ》の準備がなかったからであろう。これは罪科である」と、逆に叱責《しっせき》されてしまった(同三日条)。幕府の支配体制が整備されてゆくなかで、単に源氏一門として優遇されるというだけではなく、実務能力も必要とされるようになったといえよう。

惟義は、さらに摂津・伊勢・美濃・越前・丹波国などの守護を兼務することになる。これはその手腕が幕府のみならず、朝廷・後鳥羽院に認められたからと考えられる。惟義の子惟信も父の遺跡を継いで諸国守護に任じられたが、承久の乱で京方について没落する。

惟義の弟朝雅は北条時政の婿《むこ》となっており、その関係から建仁三年（一二〇三）に時政が政権を掌握すると、京都守護として在京するようになる。兄惟義同様、後鳥羽院の信任を得て、元久元年（一二〇四）三月の再度の伊賀・伊勢の平氏の反乱の際には、院より伊賀国を追討料国《ついとうりょうこく》として拝領し、京都から出陣して両国の反乱鎮圧にあたっている。

時政政権下にあって京都守護の他、元久元年以降、伊賀・伊勢の守護となるなど、非常に優遇されていたが、翌年閏七月、時政とその後妻の牧の方が将軍源実朝を廃して朝雅を将軍にしようとしたという嫌疑がかけられ、時政・牧の方が排斥されると、八月二日、幕府の討手《うって》により京都で殺害されてしまう（第Ⅰ部第三章参照）。

頼朝は源氏一門か、一門に準じると認めた者のみを受領《ずりょう》に推挙している。それは弟の範頼・義経、甲斐源氏の加賀美遠光・安田義資、足利義兼など九人程で、その多くは政争の中で範頼・義経のように没落・謀殺され、子孫が繁栄を継続しえたのは、わずかに加賀美遠光の子小笠原長清に始まる小笠原氏と、足利義兼の足利氏くらいである。平賀朝雅は北条時政に接近することにより台頭したが、逆に接近しすぎたため時政の没落と運命をともにし、大内惟義――惟信は後鳥羽院に重用されたため、承久の乱では京方につき、滅亡への道をたどることとなる。

義光系の信濃源氏には、武田信義の弟加賀美遠光がおり、子の長清が小笠原氏の祖となり、同じく信義の弟義行は奈古（奈胡）氏の祖となったが、詳細は不明である。

清和源氏頼清《よりきよ》流（村上氏など）

嘉保《かほう》元年（寛治八年・一〇九四）八月十七日、白河院を呪詛した罪科で、張本の源惟清《これきよ》が伊豆へ遠流《おんる》され、その父仲宗《なかむね》・弟顕清・仲清・盛清（惟清猶子）が連座して配流に処された（『百錬抄』『中右記』同日条）。惟清は当時、三河守で白河院の殿上人《てんじょうびと》、顕清・仲清・盛清はいずれも白河院の非蔵人《ひくろうど》であった。非蔵人は蔵人に準じる職務を勤めた、蔵人見習いといった役職である。仲宗の子らはいずれも白河院に仕えており、同院と極めて密接な立場であったと考えられるが、それが院を呪詛《じゅそ》したという嫌疑で失脚に至ったことは、極めて不可解である。

この呪詛事件の背景には大きな政治の闇があるのだろうがはっきりはしない。ただ当時は白河院と堀川天皇、及び堀川天皇と連携した藤原師通《もろみち》との間で、政権の掌握をめぐる対立があり、ことに呪詛事件が起きた嘉保元年は、三月に師通が関白・氏《うじ》の長者となり、いよいよその豪腕を振るってゆこうとする時期であり、そうした政争の一端に呪詛事件、一族の配流という悲劇が位置づけられるのであろう。

嘉保元年の呪詛事件の後、承徳元年（一〇九七）十二月十七日夜、甲斐守藤原行実《ゆきざね》が暴漢に襲撃をうける。翌年二月三十日、その犯人が逮捕されるが、それは遠流された仲宗の家人であったという（『中右記』同日条）。これにより仲宗・惟清の配流先も変更されている。この事件は、先の呪詛事件に甲斐守行実が関わっていたことを示唆する。

呪詛・配流事件が村上氏の誕生と深く関係していると考えられるのは、『尊卑分脈』では顕清の配流先を信濃国とし、その子為国を村上党の祖としているからである。ただし『中右記』嘉保元年八月十七日条では、顕清の配流先を越前とし、盛清の配流先を信濃とする。前掲『尊卑分脈』では、為国を盛清の子とする説も掲げており、その際、顕清の子とする説が正しいとしているように、為国は顕清の実子で、惟清・盛清の猶子となり、養父たる

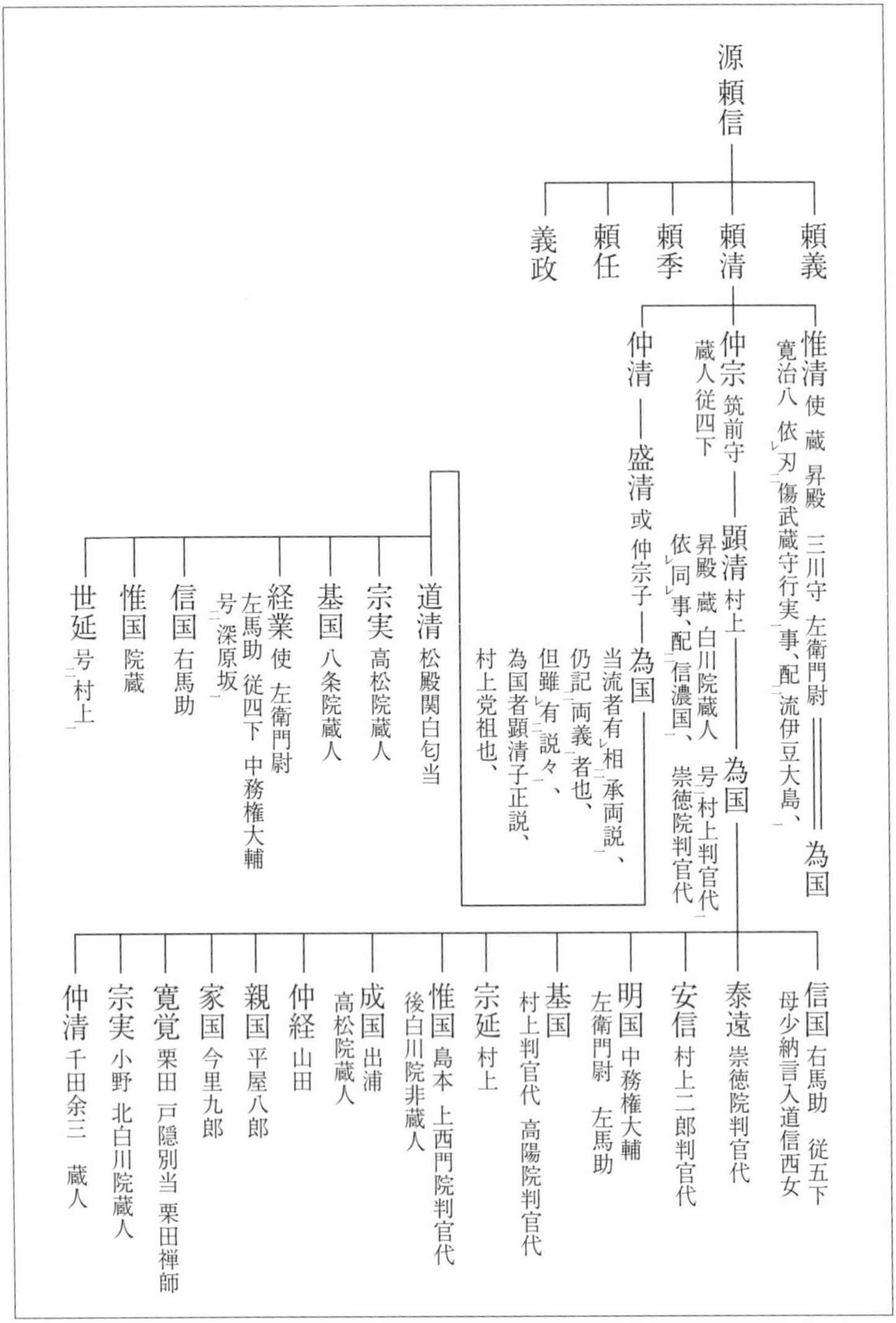
源頼信
頼義
頼清
頼季
頼任
義政
惟清 使 蔵 昇殿 三川守 左衛門尉 寛治八 依刃傷武蔵守行実事、配流伊豆大島、
為国
仲宗 筑前守 蔵人従四下
顕清 村上 昇殿 蔵 白川院蔵人 号村上判官代 依同事、配信濃国、 崇徳院判官代
為国
仲清
盛清 或仲宗子
為国 当流者有相承両説、仍記両義者也、但雖有説々、為国者顕清子正説、村上党祖也、
道清 松殿関白匂当
宗実 高松院蔵人
基国 八条院蔵人
経業 使 左衛門尉 左馬助 従四下 中務権大輔 号深原坂
信国 右馬助
惟国 院蔵
世延 号村上
信国 右馬助 従五下 母少納言入道信西女
泰遠 崇徳院判官代
安信 村上二郎 判官代
明国 中務権大輔 左衛門尉 左馬助
基国 村上判官代 高陽院判官代
宗延 村上
惟国 島本 上西門院判官代 後白川院非蔵人
成国 出浦 高松院蔵人
仲経 山田
親国 平屋八郎
家国 今里九郎
寛覚 栗田 戸隠別当 栗田禅師
宗実 小野 北白川院蔵人
仲清 千田余三 蔵人

清和源氏 頼清流系図（『尊卑分脈』）

盛清の信濃配流により、信濃村上を地盤とするようなったと考えられる。

源仲宗一族は、惟清の失脚により孫の為国が後継となり、為国の子らは京都・信濃の両方で活発に活動する。為国は鳥羽院の近臣藤原通憲（信西《しんぜい》）の娘を妻とし、長男信国が生まれている。信西は官職こそ少納言《しょうなごん》止まりであったが、保元の乱の主導者で、鳥羽院亡き後、後白河天皇を擁して政権を掌握した実力者であり、その娘を娶《めと》ったということは政治的に大きな意味をもつ。実否は不明だが、源義朝が信西の男子を婿にとろうとして拒絶され、その男子が平清盛の娘を妻にむかえたことが、義朝を平治の乱での挙兵へはしらせたという説もあるほどで、信西との婚姻関係がいかに魅力的であったかが知られる。

信西の娘腹の信国は、『尊卑分脈』では「右馬助《うまのすけ》　従五下」と叙爵《じょしゃく》されており、また寿永二年（一一八三）七月三十日、木曾義仲上洛にあたっては、京都の「五条より北、河原より東、近江の境」に至るまでの警固が「村上太郎信国」の担当となっている（『吉記』同日条）。他の兄弟でも基国などは高陽院《かやのいん》判官代となり、『保元物語』にも名前がみえ、法住寺《ほうじゅうじ》合戦でも後白河院方として合戦していることが覚一本『平家物語』にみえるが（第Ⅰ部第二章参照）、信国が警固役に抜擢されているのは、信西娘腹の子、嫡子であったためであろう。

この他、泰遠が崇徳院判官代、惟国が上西門院《じょうさいもんいん》・後白河院非蔵人、成国が高松院蔵人、宗実が北白川院蔵人と、院・女院の判官代・蔵人・非蔵人となっており、それぞれ京都で主家への奉公にあたるなど、いわゆる京武者として活動している。かつての祖父・曾祖父の代では四位・五位に叙され、国の守に任じられており、そこまでには至らないものの、邸宅・門々・外出の警護役として重宝されていた様子がうかがえる。

鎌倉幕府成立後も、建久元年(一一九〇)の源頼朝上洛にあたり、村上左衛門尉(頼時《よりとき》)・村上右馬助(経業《つねなり》)・同判官代(義国)が供奉《ぐぶ》しており、幕府体制へも順応して重用されている様子がうかがわれる。しかしこの後、村上氏の活動の足跡が消える。小林計一郎は、京武者的な村上氏の性格からして、承久の乱で京方に味方した者が多かったはずで、そのため一族の多くが所領を没収され、御家人身分を失ってしまい、幕府滅亡まで逼塞《ひっそく》した状態にあったのではないかと推測している(小林82)。

村上は更級郡村上御厨(坂城町)を名字の地とする。栗田は水内郡、犀川支流裾花川《すそはながわ》の左岸。『吾妻鏡』治承四年九月四日条の市原の合戦記事中に、栗田寺別当範覚がみえ、『尊卑分脈』の寛覚と同一人物とみられる。

清和源氏義隆流

源義家の七男義隆は、平治の乱で源義朝に属し、東国に落ち延びる際に討死した。その子頼隆は、下総国に配流され千葉常胤の庇護を受けて育ったらしく、『吾妻鏡』治承四年（一一八〇）九月十七日条によると、頼隆の父陸奥六郎義隆は、平治元年十二月、天台山龍華越で義朝の身代わりとなって討死し、その時、産後わずか五十余日であった頼隆は、父に縁座《えんざ》して、永暦元年（一一六〇）二月、常胤に命じて下総国に配流されたという。常胤は挙兵した頼朝軍に属するにあたり、この頼隆を手土産として頼朝へ進めている。頼朝は、頼隆の容姿をみて「これこそ源氏の胤子《いんし》」と非常に喜び召しつかうことにした。実際、頼隆は伊豆守、従五位下に推挙され、また信濃国水内郡若槻庄（長野市）を拝領するなど、平賀義信と共に源氏一門の筆頭格として優遇されている。

頼隆の次代では二流に分かれていたようで、建治元年（一二七五）の六条八幡宮造営注文には「若槻下総前司　五貫　同伊豆前司跡　五貫」とみえ、下総前司は頼胤（若槻太郎）に、伊豆前司は頼定（頼隆二男、森二郎）に比定されている（『尊卑分脈』清和源氏系図）。

第二章　武家と宗教

諏訪社五月会と御射山祭と武士

諏訪社は古代から狩猟神として信仰され、平安時代には信濃国の一ノ宮《いちのみや》となり、武家からは軍神《いくさがみ》として尊崇《そんすう》された。手前味噌の感はあるが、宝治元年（一二四九）三月の大祝信重《おおほうりのぶしげ》解状には「信州諏方明神は、日本第一の軍神、辺域無二の霊社なり」と主張されている（『諏訪史』第三巻、一九五四年）。同社は、上社本宮（諏訪市中洲中宮寺）・上社前宮（茅野市宮川小町屋）・下社秋宮（諏訪郡下諏訪町武居）・下社春宮（下諏訪町大門）の四社からなる。

平安末期、諏訪社は平頼盛領となっており、平氏の滅亡にともなって一旦平家没官領として頼朝に給付されるが、頼朝は頼盛の母池禅尼《いけのぜんに》への報恩のため頼盛に返還した。ただしこの際、諏訪社は伊勢国六ケ山《むかやま》と交換されている。その真意は測りがたいものの、同社への尊崇と、その宗教的影響力への配慮であることは間違いない。

また甲斐源氏が伊那郡へ進攻した際、源氏の勝利を上社神主が祈願していたことなどは、第Ⅰ部第二章で言及したところであるが、神社側でも平氏領でありながら、反平氏的な気運が生じていたようである。

諏訪社古写真（『官幣大社諏訪神社写真帳』）

源頼朝は、文治二年（一一八六）正月二十三日に神馬《しんめ》を諏訪上下宮に奉納し（『吾妻鏡』同日条）、同年十一月八日には、寄進していたところの信濃国黒《くろ》河内《ごうち》郷・藤沢郷の領主藤沢盛景に、恒例の狩役・拝殿造営役などの神役勤仕《しんやくごんじ》を怠らぬこと、神主大祝に従うべきことを命じている（『吾妻鏡』同日条）。頼朝が諏訪社を信仰し、その保護を専《もっぱ》らにしていることが知られ、それは後の将軍にも継承されていった。

建暦《けんりゃく》二年（一二一二）八月十九日、諸国の守護・地頭に鷹狩《たかがり》禁止令が出されたが、諏訪大明神の「神御贄鷹《にえたか》」については例外とされ許可された。寛元《かんげん》三年

（一二四五）・文永《ぶんえい》三年（一二六六）にも同様の処置がなされており、幕府が特別に保護していたことが明らかである（『吾妻鏡』）。こうした諏訪社への崇敬から、御家人による諏訪社の祭礼の頭役《とうやく》は、幕府でも重要な職務と認識されており、御家人役の免除など優遇措置がとられている。

御家人側でも頭役は、一方ではこの上もない名誉、一方では極めて重い負担という両面があり、『吾妻鏡』延応《えんおう》元年十一月一・九日条によれば、信濃国司初任検注《しょにんけんちゅう》にあたっての負担が、五月会《さつきえ》・御射山《みさやま》祭の頭役当番は、初任の年に限らず任期（四年）の間は、先例に任せて免許されている。また、鎌倉御家人の最も重要な奉仕である鎌倉番役《かまくらばんやく》についても配慮されたようで、元応《げんおう》元年七月十二日関東下知状《かんとうげちじょう》には、御家人の管理機関である侍所が、御射山祭の頭役の本役《ほんやく》であった白川郷地頭の補助に付せられた竹淵郷地頭泰経《やすつね》・家経《いえつね》の御家人役を免除したとある。本役のみならず、その補助である寄合《よりあい》の鎌倉番役まで免除するという、手厚い保護が加えられていたことがわかる。ただしこの相論では、寄合役と定められた竹淵郷地頭の泰経・家経は、寄合役を拒否して裁判となっており、その負担の大きかったことが前提である。

では頭役とはどんな職務であったのか、南北朝期に編纂された『諏方大明神画詞』（『史料』

上社御射山祭図絵（『日本文化の始源性から観た諏訪祭』）

六）に拠《よ》ってみてみよう。五月会は五月五日であるが、それに先立つ二〜四日の三日間、御狩押立行事《おんかりおしたて》といわれる牧狩《まきがり》の行事が行われる。五日朝、神官《しんかん》・氏人《うじびと》の饗膳《きょうぜん》をもうけ、引《ひ》き物《もの》を準備し、夕方に本社から馬場の廊《ろう》へ移動しここで饗応があるが、これは左頭役の役とされる。六日は流鏑馬が催され、流鏑馬頭役の所役《しょやく》として、馬場の廊で饗応があり、引《ひ》き出《で》がなされる。饗応・引き出が終わると、飾り立てた馬が馬場を練り歩き、これが終わると飾りをはずして流鏑馬となる。射芸とともに相撲《すまい》二〇番も行われ、その勝負ごとに禄布《ろくふ》を賜う。最後に氏人らが座に着くと、各々がその着衣を脱ぎ、奉行人がこれを白拍子《しらびょうし》・田楽《でんがく》・猿楽《さるがく》など道々《みちみち》の人々へ下賜《かし》して終了となる。

七月の御射山祭では、二十六日に狩場である御射山へ神官以下が行列を作って向かい、酒室《さかむろ》の社へ行き神事饗膳・引き物があり、これは頭役の役として準備される。酒室での神事の後、狩りが開始され、見物人も多く集まり、一山に充満するという。翌二十七日、大祝の山宮参詣の儀式があり、次いで饗膳があり、揚《あげ》馬《うま》(競馬《くらべうま》や流鏑馬)が五月会よりもさらに大規模に行われる。古くは一〇〇騎ほど、近年は三〇騎ほどという。そして狩場へ出発する。二十八日から二十九日にかけても同様の神事が行われ、やはり最後に氏人により装束《しょうぞく》が下賜されて終了となる。

このように神官と氏人の代表である頭役が中心となって盛大な祭礼が催されており、輪番でまわってくる頭役は、饗応や引き出物など祭りの費用を捻出するため、非常な負担がしいられるのである。しかし、一山が満たされるような大観衆を集める祭礼で、最も尊敬される役でもあり、この上もない名誉をもたらすのである。

この諏訪の五月会・御射山祭には、信濃のみならず諸国から観衆が大勢詰めかけ、熱狂の中で、流鏑馬・相撲・牧狩・騎馬芸などが披露される。これを主催するのは諏訪社と武士たる御家人らであり、それをバックアップしているのは鎌倉幕府なのである。単なる軍神として将軍家が帰依《きえ》していたという宗教的な問題だけでなく、統治者としての幕府の立場を神事を通じて一般に広く浸透させる一つの手段であったともいえよう。

仁科盛家、藤尾覚音（園）寺の千手観音を造立する

安曇郡仁科《にしな》御厨の領主仁科盛家は、治承三年（一一七九）十一月二十八日、千手観音《せんじゅかんのん》の造立供養《ぞうりゅうくよう》を行っている。これが現在も藤尾（八坂村）覚音（園）寺に伝わっている観音像、通称「藤尾の観音さま」である。昭和九年（一九三四）の解体修理の際、この観音像の胎内《たいない》に納められていた造立の趣旨を記した木札・千手観音を刷った紙（刷仏《すりぼとけ》）二八枚・銅鏡《どうきょう》一面が発見された。木札には、

（上略）
南閻浮提大日本国東山道信州安曇郡御厨藤尾郷内覚園寺
　大施主平朝臣盛家、芳縁女大施主伴氏
嫡男平市熊、嫡女同吉祥、二女苦童、三女同安倶利
右志ハ為㆓各現世安穏㆒、一切所願、悉地成㆑弁、惣御一家安穏、子孫繁唱、
最初建立勧進聖人快尊之寺、但何歳月日慥不㆑知㆓其後㆒、金剛仏子宗慶、已灌頂

聖人勧進之、大聖千手観音自在尊像一体、白檀等人五尺也、
治承三年歳次己亥十月廿五日己酉始之、十一月廿八日壬午供養
（下略）

と記してある（『史料』三）。つまりこの仏像が「大施主《だいせしゅ》平朝臣盛家」とその妻「伴氏」、嫡男「平市熊」、嫡女「吉祥」、二女「苦童」、三女「安倶梨」などにより、現世安穏《げんせあんのん》・子孫繁栄《しそんはんえい》などの願いを込めて造られ、治承三年（一一七九）十一月二十八日に完成の供養法会《ほうえ》が行われたことがわかる。

覚園寺の所在は「安曇郡御厨」とあるが、像造立の施主の仁科盛家は、仁科を名字の地とする領主で、かつ『吾妻鏡』文治二年三月十二日条所収の関東《かんとう》知行国《ちぎょうこく》乃《の》貢《うぐ》未済《みさい》荘々《しょうしょう》注文《ちゅうもん》には「太神宮御領仁科御厨」とあるので、木札の「御厨」は伊勢神宮領の仁科御厨であろう。御厨とは、伊勢神宮へお供えするための食材を供給するための所領のことで、建久三年（一一九二）の伊勢大神宮神領注文では伊勢内宮領とある。

仁科氏はもともと安部・平・源姓を混用していたが、この木札では「平朝臣」と署名しており、それは治承三年十月という平氏の最盛の時期であることから、平氏政権に配慮し

て平姓が用いられたのではないかと考えられている（『県史』一二）。この後の治承寿永の内乱において仁科盛家は、木曾義仲と連携したらしく、寿永二年（一一八三）、義仲の差《さ》

木造千手観音立像
（重文·覚音寺蔵）

配《はい》により京都の警備を分担している。またその子盛遠は、承久の乱で後鳥羽院方について戦死するなど、中央との関係が深いことが仁科氏の特性といえよう。

観音像の造立も、そうした中央と近しいという特性が前提になると考えられる。本像は木像寄《よせ》木《ぎ》造《づく》りの立像で、藤原末期の典型的な作風として、信濃の仏像彫刻を代表するものとされる。そうしたレベルの高い仏像の造立には、奈《な》良《ら》仏《ぶっ》師《し》など中央の仏師を招き入れる必要があり、また供養法会の僧侶なども同様である。覚音寺の千手観音は、京都との密接な関係を物語る遺物ともいえる。

信濃ゆかりの禅僧たち

鎌倉時代から南北朝時代にかけての信濃は、禅宗の高僧を多数輩出している。以下にその主だった人物を列挙したい。

無本覚心《むほんかくしん》（心地覚心、法燈円明国師、一二〇七～九八）
筑摩郡神林村（松本市）出身。戸隠《とがくし》で修行し、一九歳で東大寺で受戒《じゅかい》し、高野山で学んだ。建長元年（一二四九）春に渡宋し、帰国して高野山金剛三昧院《こんごうざんまいいん》に入り栄西《ようさい》の弟子行勇《ぎょうゆう》に拝し、紀伊国由良（和歌山県由良町）に興国寺を開いた。弘安四年（一二八一）、亀山院の要請により城東勝林寺《しょうりんじ》に入った。永仁六年（一二九八）十月、九二歳で死去。入宋中に味噌の製法を学び日本へ伝えたともいわれ、開山に迎えられた佐久の安養寺は信州味噌の発祥の地とも称される。覚心の法統を臨済宗法燈派《ほうとうは》という。

無関普門《むかんふもん》（大明国師、一二一二～九一）
信濃高井郡保科（長野市）出身で、小県郡塩田（上田市）で修行した。のち上野国長楽寺《ちょうらくじ》で栄西の弟子の栄朝に学び、また京都東福寺で修行した。四〇歳の時に宋に渡り、一二年の修行の後に帰国した。無関普門は杭州霊隠寺の荊叟如珏《けいそうにょかく》の許で学んだがそこに葦航道然《いこうどうねん》・規庵祖円《きあんそえん》・玉山徳璇《ぎょくさんとくせん》・此山妙在《しざんみょうざい》がいた。亀山院に請われて南禅寺開山となる。

規庵祖円《きあんそえん》（南院国師、一二六一〜一三一三）

弘長元年正月、水内郡長池（長野市）に生まれる。幼くして相模の浄妙寺に預けられ、弘安三年（一二八〇）、無学祖元《むがくそげん》の渡来により、鎌倉建長寺にてこれに師事し法を嗣ぐ。弘安九年（一二八六）の師の死去に伴い、京都東福寺の無関普門の門下となる。亀山院の帰依《きえ》を得て開いた禅林寺（のちの南禅寺）で首座《しゅそ》を勤めた。正応《しょうおう》四年（一二九一）無関が没すると、翌年、三一歳の若さで南禅寺住持《じゅうじ》となり、二一年間もその席にあった。正和《しょうわ》二年四月二日、五三歳にて示寂《じじゃく》する。政治的な手腕に優れ天皇家と同寺との緊密な関係を築いた。無関の生地高井郡保科（長野市）は長池に近く、無関が遺言で規庵を後継に指名するなど、重用した理由の一つに、同郷のよしみがあったものと考えられる。

玉山玄提《ぎょくざんげんてい》（仏智大通禅師、一二六二〜一三五一）

玄提は信濃の井上氏の出身で、若くして同郷の京都臨済宗南禅寺の開祖無関普門（大明国師）に入門。その後、元に入国。帰国すると九州大隅半島南海岸浜田港に上陸した。

同地には「玉山禅師上陸之地」という禅師の坐像と記念碑が建てられている。興国元年（一三四〇）に、志布志の松尾城主楡井《にれい》頼仲の帰依で、大隅肝付の帝釈寺を志布志《しぶし》に移して大慈悲寺とし、開山始祖に迎えられた。正平六年（一三五一）、生きながら石屋に入り、座禅を組んだまま入寂《にゅうじゃく》したと伝えられる。永正《えいしょう》十五年（一五一八）、勅により仏智大通禅師の諡《いみな》をうける。

関山《かんざん》慧玄《えげん》（一二七七〜一三六〇）

高井郡の高梨高家《たかいえ》の次男とされる。建治三年生まれ。法を大燈国師《だいとうこくし》に受ける。建長寺で出家し、上洛して宗峯妙超《しゅうほうみょうちょう》の法を嗣《つ》いだ。後醍醐天皇が帰依し、また宗峯のすすめで花園院も関山に帰依し、その離宮を禅寺に改め関山を開山に迎えた。これが妙心寺であり、同寺の流派を臨済宗妙心寺派と称する。延文五年十二月十二日死去。八四歳。弘治三年（一五五七）、後奈良天皇より円成国師の名を諡《おく》られた。

葦航《いこう》道然《どうねん》（大興禅師、一二一九〜一三〇一）

信濃の人。姓は不明。中国から渡来して鎌倉に建長寺を開いた蘭渓道隆《らんけいどうりゅう》に師事し、諸刹《しょさつ》を渉遊《しょうゆう》の後、弘安四年（一二八一）、無学祖元が建長寺に入るにあたり、同寺の第一座となる。その後、再び諸刹を渉遊し、無学祖元が円覚寺に遷《うつ》るに際し、建長寺六世となる。正安三年十二月六日、八三歳で没す。勅により大興禅師と諡られた。

玉山徳璇《ぎょくさんとくせん》（仏覚禅師、一二九六～一三三四）

信濃の人。姓氏は不明。若くして蘭渓道隆に随侍し、その法を嗣いだ。陸奥に大禅寺を開き、のちに建長寺の二一世となった。建武元年十月十八日、八〇歳にて没す。高井郡上条（山ノ内町）の生まれ、高梨経平《つねひら》の子という説もある。

此山妙在《しざんみょうざい》（一二九六～一三七七）

此山妙在は下野国那須の雲巌寺で高峰顕日《こうほうけんにち》（無学祖元の後継者）に参じ、壮年にして入元する。貞和《じょうわ》元年（一三四五）に帰国、天龍寺で夢窓疎石の会下《えげ》に列し、万寿寺・建仁寺・天竜寺・南禅寺などの住持を歴任する。文学に優れ漢詩集『若木集《じゃくぼくしゅう》』を著した。無学祖元の法脈（仏光派）はその孫弟子に夢窓疎石が出て、室町時代に臨済宗の最大勢力にのしあげる（夢窓派）。牛山佳幸（96）では、窪寺氏の一族とされ、『信濃名僧略伝集』では島津忠安《ただやす》の子との説をあげる。天授《てんじゅ》三年、円覚寺で示寂《じじゃく》。

性海霊見《しょうかいれいけん》（一三一五～九六）

水内郡横山（長野市）の出身。正和四年生まれ。橘《たちばな》姓。渡宋して修行し、帰国後、虎関師錬の法統（聖一派）を受け継ぎ、東福寺・天龍寺・南禅寺などの住持となった。関白近衛道《このえみち》嗣《つぐ》・将軍足利義満《よしみつ》・管領《かんれい》斯波義将《しばよしまさ》らの帰依をうけた。応永三年三月、示寂。八二歳。

大歇勇健《たいかつゆうけん》（一三二一～八三）

元徳元年（嘉暦四年）六月生まれ。伊那郡長岡（上伊那郡箕輪町）の人で母が神氏とされる。伊那郡箕輪村の燈心寺に入り、長じて紀伊の大慈悲寺、京都の建仁寺で修行し、東国の諸刹を廻り、佐久郡三井村の安養寺（佐久市）を開いた。同寺は大井氏の崇敬するところとなる。また小県郡長瀬村の長昌寺を開山した。永徳《えいとく》三年九月四日、五三歳にて没す。正眼智鑑禅師の諡をうけた。

月谷宗忠

信州高井郡山田村駒場（高山村中山）に生まれる。高梨氏。妙心関山の叔父という。父親が安楽寺に入った樵谷惟仙《しょうこくいせん》に帰依し、その弟子となる。後に南浦紹明《なんぽしょうみょう》に師事し筑前国興徳寺に住し、博多の崇福寺へ遷る。兄高梨朝定《ともさだ》が高厳寺を創建すると、同寺に請われる。またここで関山慧玄を託され、徳治二年（一三〇七）、南浦紹明が建長寺に入ると同寺内に一溪庵を建てて住み、関山を南浦に引きあわせてその弟子とした。高厳和尚と称された。

あとがき

「信州人に大物はいない」とはよく耳にする言葉である。確かに、芸術家・実業家などはたくさん輩出しているが、その割に政治家は少ない。少々有名になった人がいるとつい出る杭を打ってしまうという信州人気質のゆえだろうか。これは古今を問わず言えることで、戦国期においては、信州をまとめる人物が現れず、隣国の甲斐武田氏の属国となる憂き目に遭うのである。

武士としての信州人つまり〝信濃武士〟の大物といえば、木曾義仲と真田信繁（幸村）が双璧《そうへき》だろう。これは人気のある時代が、戦国・維新・源平（平安末期）だから自然とそうなるのであって、もし鎌倉が一番ならば、諏訪頼重あたりはトップクラスに数えられたであろう。諏訪家は代々執権北条氏の御内人《みうちびと》として幕府政治の中核を占めてきた。その嫡流の頼重は、幕府滅亡後、北条氏惣領たる高時の遺児時行を擁し、信濃に挙兵すると、足利尊氏の弟直義を撃破して鎌倉を占領（中先代の乱）するという大挙を成し遂げた人物である。

次に挙げるならば、鎌倉幕府草創期に御家人の筆頭であった新羅三郎義光の孫、武蔵守平賀義信であろう。義信は、源頼朝の弟範頼や北条時政よりも上位の席次を与えられるほど、幕府内で重きをなしていた。平賀氏が承久の乱で滅びることなく、家格を保っていたとしたら、信濃源氏である平賀氏が執権北条氏とともに幕府の中枢を占め、あるいは足利・新田氏の代わりに幕府追討の主役になって諸国に号令していたかもしれない。ちなみに、平賀氏没落後に信濃守護となった小笠原氏の末裔貞宗は、倒幕時に足利高氏（尊氏）の幕下に馳せ参じている。

さらに想像をめぐらすと、二代将軍頼家の独裁的な政権が長く続いていたら、平賀氏とともに、小笠原氏・中野氏・比企氏らの信濃武士は、幕府の要職に就いていただろう。歴史に「たら」「れば」は禁句だが、思い描いてみるだけでも感慨深い。

信濃には、平安末期から鎌倉時代にかけて、数多くの弓馬に長けた武士がいたが、ほとんど知られていない人ばかりである。例えば、鎌倉で「弓馬の宗家」と讃《たた》えられた海野小太郎幸氏。そして幸氏や甲斐の武田信光とともに「弓馬四天王」と称された小笠原長清に望月重隆。あるいは、鶴岡放生会での流鏑馬で、武家の棟梁源頼朝をも感服せしめた金刺盛澄。本書は、こうした埋もれた信濃武士に光を当てることを目的に執筆したものであるが、果たして読者各位の心に、彼等の事蹟を印象づけることはできただろうか。本書が少しても信濃武士たちの再評価に繫がったなら、これに勝る喜びはない。

なお、奇しくも本書は、信濃武士（神氏《みわ》）の末裔である中澤真氏が経営するシナノ書籍印刷にて印刷していただくこととなった。中澤氏と私は、遠祖をたどれば同族なのである。

このご縁と、本書を成すにあたって資料まとめや校正を手伝ってくれた社員に感謝したい。

また、陸奥に次ぐ全国第二位（「弘仁式」）の名馬の産地である信濃の馬で山野を駆け、そして弓技を磨き、不撓不屈《ふとうふくつ》の精神を宿した信濃武士を想いながら、擱筆《かくひつ》したい。

宮下帯刀神玄覇

平成二十四壬辰《みずのえたつ》年葉月吉日

参考文献

〈論　文〉

石井進「中世成立期軍制研究の一視点―国衙を中心とする軍事力組織について―」(『鎌倉武士の実像』平凡社　所収)一九八七年　初出一九六九年
石井進「大祝信重解状のこと」(『諏訪市史研究紀要』五)一九九三年
井原今朝男「中世善光寺平の災害と開発」(『国立歴史民俗博物館研究報告』九六)二〇〇二年
井原今朝男「高井地方の中世史(1)平安時代の高井郡―芳美御厨と中世武士の台頭」(『須高』六七)二〇〇八年
井原今朝男「高井地方の中世史(2)東条荘と井上・高梨氏の台頭」(『須高』六八)二〇〇九年
井原今朝男「高井地方の中世史(3)井上・高梨・須田・村山氏の台頭と一族一揆」(『須高』六九)二〇〇九年
牛山佳幸「一遍と信濃の旅をめぐる二つの問題―在地の武士や所領との関係について」(『時宗文化』九)二〇〇四年
海老名尚・福田豊彦「田中穣氏旧蔵典籍古文書「六条八幡宮造営注文」について」(『国立歴史民俗博物館研究報告』四五)一九九二年
岡田清一「御家人「尾藤氏」について」(『鎌倉幕府と東国』続群書類従完成会　所収)二〇〇六年
片山正行「信濃時代の須田氏」(『須高』一〇)一九七九年
金井清光「木曾義仲説話と善光寺聖・時衆」(『文学』四八―九)一九八〇年
小林計一郎「村上氏について」(『信濃中世史考』吉川弘文館　所収)一九八二年
小林計一郎「鎌倉時代の信濃御家人」(『長野』一八五所収)一九九六年
佐藤悟「翻刻『泉親衡物語』」(『實踐國文學』四二)一九九二年
郷道哲章「諏訪氏と「上社」「下社」」(『長野県立歴史館研究紀要』九)二〇〇三年
鈴木国弘「「信濃国伴野庄諏訪上社神田相伝系図」について―「武士団」研究の一史料」(『日本大学人文科学研究紀要』二〇)一九七八年

田幸喜久夫「中世須田氏の歩み―系図を追って」(『須高』六二)二〇〇六年
戸田芳実「初期中世武士の職能と諸役」(『初期中世社会の研究』東京大学出版会　所収)一九九一年　初出一九八六年
中澤克昭「神を称する武士たち―諏訪「神氏系図」にみる家系意識」(『系図が語る世界史』青木書店　所収)二〇〇二年
原明芳「院政期の信濃に何が起こったのか―発掘資料から見える一二世紀」(『長野県立歴史館研究紀要』一五)二〇〇九年
福島正樹「信濃のなかの木曾」(『長野県立歴史館研究紀要』一七)二〇一一年
村石正行「須高地域の中世をさぐる」(『須高』六一)二〇〇五年
村石正行「室町幕府奉行人諏訪氏の基礎的考察」(『長野県立歴史館研究紀要』一一所収)二〇〇五年
村石正行「信濃高僧名僧列伝―中世編」(『須高』六七)二〇〇八年
村石正行「治承・寿永の内乱における木曾義仲・信濃武士と地域間ネットワーク」(『長野県立歴史館研究紀要』一六)二〇一〇年
湯本軍一「信濃国における北条氏所領」(『信濃』二四―一〇)一九七二年
湯本軍一「高梨氏とその館跡・城下」(『日本歴史』五〇五)一九九〇年

〈著　書〉

浅香年木『治承・寿永の内乱論序説』法政大学出版局　一九八一年
阿部芳春編『信濃名僧略伝集』梓川書房　一九七六年
井原今朝男・牛山佳幸編『論集東国信濃の古代中世史』岩田書院　二〇〇八年
河内祥輔『頼朝の時代』平凡社　一九九〇年
小林計一郎『信濃中世史考』吉川弘文館　一九八二年
下出積與『木曾義仲』人物往来社　一九六六年
高橋昌明『武士の成立武士像の創出』東京大学出版会　一九九九年
鳥居龍蔵『諏訪史』第二巻前編　信濃教育会諏訪部会　一九二四年

宝賀寿男編『古代氏族系譜集成』古代氏族研究会　一九八六年
『木曾義仲の挙兵』伴野氏館跡保存会　一九九一年

〈史　料〉

『吾妻鏡（国史大系・普及版）』第一・二巻　吉川弘文館
『延慶本平家物語本文編』上下　勉誠社　一九九〇年
『吉記（増補史料大成）』臨川書店
『新訂吉記』一～三　和泉書院　二〇〇二～二〇〇六年
『玉葉（図書寮叢刊）』宮内庁書陵部編　明治書院　一九九四年～
『山槐記（増補史料大成）』臨川書店
『信濃史料』二～八巻　信濃史料刊行会編　一九五二～五四年
『尊卑分脈（国史大系・普及版）』吉川弘文館
『太平記（日本古典文学大系）』一　岩波書店　一九六〇年
『中右記（大日本古記録）』岩波書店
『殿暦（大日本古記録）』岩波書店
『梅松論・源威集（新撰日本古典文庫三）』現代思潮社　一九七五年
『百錬抄（国史大系・普及版）』吉川弘文館
『兵範記（増補史料大成）』臨川書店
『平記・大府記・永昌記・愚昧記』思文閣出版　一九八八年
『平家物語（日本古典文学大系）』上下　岩波書店　一九五九・六〇年
『保元物語・平治物語（日本古典文学大系）』岩波書店　一九六一年
『保元物語・平治物語・承久記（新日本古典文学大系）』岩波書店　一九九二年
『明月記』国書刊行会　一九七三年

〈自治体史〉

『木曾福島町史』歴史編　木曾福島町　一九八二年
『諏訪市史』上巻　諏訪市　一九九五年
『長野県史』通史編　第二・三巻　長野県史刊行会　一九八六・八七年
『長野市誌』第二巻　歴史編　原始・古代・中世　長野市　二〇〇〇年

〈辞典類〉

『角川日本地名大辞典　長野県』角川書店　一九九〇年
『講座日本荘園史』五　吉川弘文館　一九九〇年
『信州人物誌』信州人物誌刊行会　一九六九年
『長野県姓氏歴史人物大辞典』角川書店　一九九六年
『長野県の地名』平凡社　一九七九年
『長野県の歴史』山川出版社　二〇一〇年
『日本史総覧Ⅱ』古代二・中世一　新人物往来社　一九八四年

〈展覧会図録〉

飯田市美術博物館『中世信濃の名僧』二〇〇五年
長野県立歴史館『諏訪信仰の祭りと文化』一九九八年
長野県立歴史館『中世信濃武士意外伝』二〇〇四年

謝　辞　写真掲載に当たっては、各所蔵者からのご許可・写真提供に加え、以下の機関から写真原稿のご提供を賜りました。記して感謝いたします。加賀市役所 環境課（実盛首洗い池の写真）、木曾町役場（木曾谷の風景）、津幡町役場（「倶利伽羅小道」と呼ばれる歴史国道「北陸道」）〔五十音順〕

〔著者紹介〕
宮下玄覇（みやしたはるまさ）
1973年長野県諏訪市生まれ。東京都・神奈川県育ち。歴史・茶道研究家。古美術鑑定家。㈱宮帯・㈱宮帯出版社代表取締役社長。
幼少期より日本史や甲冑などの古美術に興味を持ち、中学校在学中より日本家系図学会（当時丹羽基二会長）や日本甲冑武具研究保存会に入会し研究する。中央大学在学中より茶道具の勉強を始め、修業ののち茶道具問屋㈱宮帯を設立、その後、㈱宮帯出版社を起こして歴史・甲冑・茶道書などを刊行する。テレビに古美術鑑定家として出演するほか武装や茶道の時代考証、博物館の企画展協力、「戦国大名追善茶会」のプロデュースなどを手がける。創刊五十周年を迎えた月刊『刀剣春秋新聞』、茶道書研究誌『茶書研究』の発行人であり、編著に『清盛がもっとも恐れた男 源 義朝』『必携 茶湯便利帳』がある。

信濃武士
～鎌倉幕府を創った人々～

2012年9月9日 第1刷発行

著 者
発行者 宮下玄覇

発行所 株式会社宮帯出版社
京都本社 〒602-8488
京都市上京区寺之内通下ル真倉町739-1
営業（075）441-7747 編集（075）441-7722
東京支社 〒162-0053
東京都新宿区原町1-20
電話（03）6457-6086
http://www.miyaobi.com
振替口座 00960-7-279886

印刷所 シナノ書籍印刷株式会社
定価はカバーに表示してあります。落丁・乱丁本はお取り替えいたします。

 ISBN978-4-86366-855-3 C0021